U0629907

"互联网+"视域下教师非正式学习研究
——基于甘肃省民族地区的实践

马　炅　马永峰　著

本书的出版受到"西北民族大学民族学优势学科建设项目"资助

科学出版社

北　京

内 容 简 介

　　随着"互联网+"时代的快速发展和终身教育理念的兴起，非正式学习成为教师个人职业发展的迫切需求。本书在对甘肃省民族地区教育发展现状进行深入分析的基础上，阐述"互联网+"视域下非正式学习的价值和教师非正式学习的特点及优势，对当前国内外非正式学习研究的现状进行详细的梳理，分析基于"互联网+"的非正式学习的指导理论以及对本书的启示。本书以甘肃省民族地区部分中学教师为研究对象，通过问卷调查+访谈的形式获取第一手资料，在此基础上进行数据分析，指出甘肃省民族地区中学教师在基于个人职业能力提升的非正式学习中存在的问题。据此，在"精准培训"理念的指引下，提出民族地区中学教师基于职业能力发展的"精准培训"策略模型并进行详细的阐述。

　　本书对教育技术及教育相关领域的研究者和学习者有一定的参考价值，希望能对相关研究者及学习者有借鉴作用。

图书在版编目（CIP）数据

"互联网+"视域下教师非正式学习研究：基于甘肃省民族地区的实践/马炅，马永峰著. —北京：科学出版社，2018.11

ISBN 978-7-03-059175-3

Ⅰ. ①互… Ⅱ. ①马… ②马… Ⅲ. ①互联网络-应用-中学-师资培训-研究 Ⅳ. ①G635.12

中国版本图书馆 CIP 数据核字（2018）第 245313 号

责任编辑：陈　静　陈　琼/责任校对：郭瑞芝
责任印制：张　伟/封面设计：迷底书装

科学出版社 出版

北京东黄城根北街 16 号
邮政编码：100717
http://www.sciencep.com

北京九州迅驰传媒文化有限公司 印刷
科学出版社发行　各地新华书店经销

*

2018 年 11 月第　一　版　开本：720×1000　1/16
2019 年　1 月第二次印刷　印张：9
字数：168 000

定价：62.00 元

（如有印装质量问题，我社负责调换）

前　言

　　信息化时代的来临，为人类社会的快速发展插上了飞翔的翅膀，随着"互联网+"概念的兴起，终身教育的理念日益深入人心。近年来，非正式学习的研究开始受到越来越多学者和教育研究者的关注，研究成果逐年增多。然而，对少数民族地区教师非正式学习的研究，关注者寥寥，而对于甘肃省民族地区中学教师非正式学习的相关研究基本是一片空白。鉴于此，本书对甘肃省民族地区中学教师的非正式学习进行系统的研究。

　　本书主要以社会建构主义学习理论、知识管理理论和情境学习理论为指导思想，通过对相关文献进行整理，阐述国外非正式学习概念的源起及非正式学习国外研究关注的热点。而对国内非正式学习的相关研究，从理论研究、实践研究及资源建设等方面进行总结，并进一步阐述互联网及"互联网+教育"等相关概念对当代教育产生的影响，归纳分析"互联网+教育"视域下教师非正式学习的主要特征。

　　本书通过文献分析总结影响非正式学习的主要因素，并据此编制调查问卷，对甘肃省民族地区的中学教师进行分层随机抽样调查。为了使调查更加深入、全面，数据采集采用问卷调查+访谈的形式。

　　通过对研究结果的分析总结，我们看到，甘肃省民族地区中学教师，在"互联网+教育"的大环境下，多数基于个人专业发展的需求而有意无意地进行着非正式学习，但由于信息技术素养整体水平与其他发达地区存在差异，其在非正式学习过程中存在一些问题，也呈现出一些与众不同的特点。个体特征是教师非正式学习能力差异的主要原因；"互联网+"时代教师对新型学习方式的普遍不适应性影响教师的专业发展；教师非正式学习意识普遍不强；信息技术能力的不足是教师非正式学习的主要制约因素；繁重的教学任务限制教师非正式学习的热情，从而在一定程度上限制教师的专业发展，而经济的困顿也是影响教师非正式学习的一个间接因素。

　　针对存在的问题，作者从教师的专业发展、学校的信息化建设及教育资源建设等角度，指出甘肃省民族地区中学教师在非正式学习中存在的问题。在"精准培训"理念的指导下，提出民族地区中学教师基于职业能力发展的"精准培训"策略模型并进行详细的阐述，研究提出的策略模型对解决甘肃省民族地区中学教师在"互联网+"时代、在基于个人职业能力提升的非正式学习中存在的困境有一定的帮助，也有助于促进教师的专业发展和学校的信息化建设，有利于教育资源的建设及共享发展，从而更好地服务于民族地区教育事业的发展。本书对于解决相近民族地区的相关问题，也许有一定的借鉴和参考价值。

本书由马炅完成第 1 章、第 3 章、第 4 章、第 6 章和第 7 章的内容，马永峰完成第 2 章和第 5 章的内容。

本书的出版是在"西北民族大学民族学优势学科建设项目"的资助下完成的，得到了甘肃省优势学科"民族学"学科带头人、西北民族大学博士生导师尹伟先教授的大力支持和帮助，在此表示感谢。

由于数据采集不够全面，再加上作者水平所限，提出的观点仅代表个人的看法，还希望相关领域的专家能进一步提出宝贵的意见和建议。

马　炅

2018 年 5 月于兰州

目　录

第1章 绪 论

以捷克教育家夸美纽斯在其著作《大教学论》中提出的班级授课制为标志，人类的教育进入了正式学习阶段。从此，学习就被划分为在特定机构进行的正式学习和与之相对应的非正式学习两大类。传统的学习科学研究基本上以正式学习为研究对象，而在过去的几十年里，非正式学习的研究得到重视并在西方国家蓬勃兴起。在某种意义上说，非正式学习是人类学习的原初状态，对之进行深入研究能够更深刻地认识人类学习活动的本质，并与对正式学习的研究相得益彰。

我国对非正式学习的研究近年来才刚刚起步，因此，追踪发达国家的研究动态，对于我国非正式学习的研究以及观察和指导一些学习实践活动，都具有基础性意义。

近年来，非正式学习得到广泛重视是有多重原因的。渴望提高学生的在校学习成绩，对青少年校外活动安全性的关注，为学生提供更丰富的探索机会，学生的社会化以及情感发展的需要等，都是引起研究者对非正式学习强烈兴趣的原因。最重要的是，信息技术及互联网的不断发展，网络资源的几何数量的增加，都为非正式学习提供了日益强大的支持。无论出于何种目的，非正式学习都不以满足学校的具有正式结构的教育要求为目标，但非正式学习又是对正式学习的一个有益的补充。

在学校的围墙之外，非正式学习每时每刻都在发生着，其发生的频度和品质也影响了成人生活的丰富程度。而将非正式学习与成人发展和社会进步联系在一起，才能体现非正式学习的人类意义。教师作为人类文化知识的传播者，其自身的能力、素养和知识结构，直接影响着下一代人的素质和能力的发展，从而影响着人类文化的传承与发展。从这个意义上说，教师的非正式学习意义尤其重大。

1.1 研 究 背 景

1.1.1 "互联网+"时代终身教育理念的兴起

从社会发展的历史来看，人类传播史就是一个人类在生产和交往活动中不断创造与使用新的传播媒介的过程，是社会信息系统不断走向发达和完善的历史。同时，人类信息传播的历史也是一部人类知识传承或者人类教育的历史，通过信息传播，人类将自己与大自然搏斗中积累的知识和经验传承给后人，后人在继承前人经验的基础上，总结出新的知识与经验，以各种媒体为工具，将新的知识与经验总结并传承给后人。今天，人类具有高度发达的智慧和文明，这些文明都离不开对古人智慧和经验的继承，而这些都需要人类的教育。因此，人类的发展历史也是一部人类教育发展的历史[①]。

我国关于非正式学习的思想其实在孔子和老子时代就已经出现了，在《礼记·学记》中有"学然后知不足，教然后知困。知不足，然后能自反也；知困，然后能自强也。故曰：教学相长也"，在《论语·述而》中有"三人行，必有我师焉。择其善者而从之，其不善者而改之"的说法。陶行知在给教师学习的建议时提出"为学而学不如为教而学之亲切。为教而学必须设身处地，努力使人明白，既然要使人明白，自己便自然而然地格外明白了。"[②]这些论述其实就是当今时代非正式学习的思想萌芽，只是那个时代的局限性，只体现为一些关于终身学习思想、非正式学习的观点，没有上升到今天教育理论的高度。

在 20 世纪的工业社会到当前 21 世纪的信息社会的百年间，社会和经济发展越来越依靠科学技术的进步与革新，组织间与个体间的竞争也更加激烈，而知识更新速度加快，总量不断增加，使得能否及时获得并运用新的知识成为决定成败的关键。在这种情况下，知识的重要性、学习的紧迫性比历史上的任何时期都显得更为突出。而这迫使人们必须改变传统"一次性学习"的观念与习惯，持续不断地学习成为社会与个人的诉求。"终身学习"（lifelong learning）思想和理论也正是在这样的背景下产生的，由联合国教育、科学及文化组织（United Nations Educational, Scientific and Cultural Organization，UNESCO）（简称联合国教科文组织）的保罗·朗格朗在 1965 年提出的"终身教育"（lifelong education）概念衍生而来，主要指社会每个成员为适应社会发展和实现个体发展的需要，贯穿于人的一生的、持续的学习过程。经过多年的普及与发展，"终身学习"已成为一个十

① 马玙. 新媒体环境下的学习与评价——基于 E-learning Portfolio 的实践研究[M]. 北京: 科学出版社, 2015: 1.
② 陶行知. 陶行知文集[M]. 南京: 江苏教育出版社, 2008: 784.

分重要的理念并在全球范围内受到了极大的重视与推行[①]。

我国虽作为发展中国家却同样重视终身学习的推行,在中国共产党第十七次全国代表大会(简称中共十七大)上更是指出"要发展远程教育和继续教育,建设全民学习、终身学习的学习型社会"[②]。1950 年诺尔斯(Knowles)在《非正式的成人教育:管理者、领导者和教师的指南》(*Informal Adult Education: A Guide for Administrators, Leaders, and Teachers*)提出"非正式学习"(informal learning)思想,它作为终身学习的重要组成部分同样受到了人们的重视与关注。一般来说,终身学习的具体形式可以划分为正式学习、非正规学习、非正式学习三种。而非正式学习主要指学习者在日常生活环境中及实践经验中获得知识、技能和态度的过程。研究表明,成人一生中通过非正式学习获得的知识占其全部知识的 70%～80%。在工作场所学习的相关研究中,非正式学习更成为促进成人工作者提高工作绩效的关键。

计算机的普及和互联网时代的发展,快速改变着人们生存的世界,改变着人类的面貌,根据中国互联网络信息中心(China Internet Network Information Center,CNNIC)2018 年第 41 次《中国互联网络发展状况统计报告》中网民结构的调查数据,截至 2017 年 12 月,我国网民总数达到 7.72 亿,相当于欧洲国家的总人口,网民中使用手机上网人群的占比由 2016 年的 95.1%提升至 97.5%;与此同时,使用电视上网的网民比例也提高 3.2 个百分点,达 28.2%;台式电脑、笔记本电脑、平板电脑的使用率均出现下降,手机不断挤占其他个人上网设备的市场。以手机为中心的智能设备,成为"万物互联"的基础,车联网、智能家电促进"住行"体验升级,构筑个性化、智能化应用场景。移动互联网服务场景不断丰富、移动终端规模加速提升、移动数据量持续扩大,为移动互联网产业创造更多价值挖掘空间[③]。

今天,可以说人类的一切都与互联网建立了无法割舍的联系。而近年来,互联网技术及"互联网+"概念的兴起,又开始对传统的教育方式构成威胁,也迫

---

① 任杰. 大学生非正式学习及其在高校教学中的整合策略研究[D]. 金华: 浙江师范大学, 2012: 12.

② 教育部. 面向 21 世纪教育振兴行动计划[EB/OL]. [1998-12-24]. http://old.moe.gov.cn//publicfiles/business/htmlfiles/moe/s6986/200407/2487.html.

③ 中国网信网. CNNIC 发布第 41 次《中国互联网络发展状况统计报告》[EB/OL]. [2018-01-30]. http://www.cac.gov.cn/ 2018-01/31/c_1122346138.htm.

使传统教育必须与互联网相结合，于是，"互联网+教育"应运而生。

李克强总理在 2015 年的《政府工作报告》中提出制定"互联网+"行动计划[①]，"互联网+"迅速成为互联网领域及相关研究者的热词。习近平主席在浙江乌镇举行的第二届世界互联网大会上向世界宣告："'十三五'时期，中国将大力实施网络强国战略、国家大数据战略、'互联网+'行动计划，发展积极向上的网络文化，拓展网络经济空间，促进互联网和经济社会融合发展。"对于"互联网+"，可以这样理解：互联网+传统集市，淘宝出现了；互联网+传统银行，支付宝出现了；互联网+传统交通，滴滴打车出现了。也就是说，"互联网+"是用互联网思维、技术对传统行业进行改造，改造的结果是新行业形态的出现，互联网遇上了传统教育，或者互联网技术对传统教育进行的基于现代教育思想指导下的改造，"互联网+教育"就诞生了。

同社会许多其他行业一样，教育受到了互联网巨大的影响，"互联网+"思维给传统教育理念带来了革命性的冲击和挑战。教育如何面对和适应"互联网+"？通过探索"互联网+教育"的科学模式，促进教育公共服务水平和教育质量的提升，既是深化教育领域综合改革不可回避的问题，也是摆在广大教育工作者面前的现实课题。

"互联网+教育"的结果将会使未来的一切教与学活动都围绕互联网进行，教师在互联网上教，学生在互联网上学，信息在互联网上流动，知识在互联网上成型，线下的活动成为线上活动的补充与拓展。

2012 年成为世界高等教育发展史上很重要的一年，因为在这一年，大规模在线开放课程（massive open online course，MOOC，或译成"慕课"）作为一种新型在线教育模式闯入人们视野，给"互联网+教育"产业及在线学习、高等教育等带来巨大影响，也为其注入了新的内容和活力。

在 2012 年，如果上网搜索"在线教育"或者"互联网教育"，那么出现的相关公司并不多。但进入 2013 年后，大批涉及"互联网+教育"的公司涌现。据统计，每天新增的互联网教育公司就达 2.6 家。"互联网+教育"具有开放、包容和跨界的特点，它不仅会改变企业的运营模式和人的思维方式，也会对整个文化氛围产生较大的变革。同时，"互联网+教育"所释放出来的巨大魅力也让人难以抗

拒。百度在线网络技术（北京）公司（简称百度）、阿里巴巴网络技术有限公司（简称阿里巴巴集团）、深圳市腾讯计算机系统有限公司（简称腾讯）三大巨头在"互联网+教育"上已经展开较量。而北京新东方教育科技（集团）有限公司（简称新东方）董事长俞敏洪断言，随着互联网等现代技术的发展，"互联网+教育"行业将会迎来颠覆式的变革[①]。

中国共产党第十八次全国代表大会（简称中共十八大）提出要在 2020 年基本实现教育现代化的目标。显而易见，如果没有教育信息化，就不可能有教育现代化。今天，无论在互联网界还是在教育界，都无法绕开一个热词：在线教育，或者"互联网+教育"。它被业内人士看作继"互联网+金融"之后的又一个热点。数据显示，2004 年我国在线教育市场规模大约为 143 亿元，到 2012 年已达 723 亿元，而到 2015 年"互联网+教育"的市场规模已达到 1745 亿元。

北京市教育委员会于 2007 年颁发《北京市教育委员会关于北京市中小学教师"十一五"时期继续教育工作的意见》，提出继续教育制度的建设目标是建立教师终身学习制度，使教师成为终身学习的典范；教师群体成为学习型组织的典范；教师终身学习体系成为全民终身学习体系和学习型社会的典范。我国政府于 2010 年启动了旨在提高中小学教师特别是农村教师队伍整体素质的"国培计划"，"国培计划"的全称为"中小学教师国家级培训计划"，是教育部、财政部实施的旨在提高中小学教师特别是农村教师队伍整体素质的重要举措，包括"中小学教师示范性培训项目"和"中西部农村骨干教师培训项目"两项内容。

"互联网+"时代的教学理念，强调师生作为个体的共同价值，主要表现为师生双方个人价值的生命性和个体内在的文明素质。互联是指个体与个体之间的关联和互动，因此，有高水平的个体，才会产生高水平的集体，形成集体智慧的前提条件是个体智慧的生长。"互联网+"理念证明了"小河有水大河满"的道理，个人价值由于互联网的存在而以便捷、多彩的方式展现出来。

"互联网+"时代的教学理念，主张学生的角色应该从教育的消费者向创造者转变，鼓励学生以多境域的视野认识世界，不再以学校水平来标榜教师的水平，而是以教师个体能力来彰显教师的个人价值[②]。

[①] 辛妍. 互联网教育风生水起[J]. 新经济导刊, 2014(zl): 51-55.
[②] 李芒, 周溪亭, 李子运. "互联网+"时代高校教师的教学新理念[J]. 中国电化教育, 2017 (2): 1-4.

在今天"互联网+"时代，终身教育的理念深入人心，社会的每个人，尤其是教师，想要在激烈的社会竞争中胜出或不被淘汰，就不能不面临着终身学习的压力。随着互联网及"互联网+"教育理念的普及，终身学习不再也没必要都进入课堂学习，各种学习形式，如正式学习、非正式学习、非正规学习都为今天的社会人提供各种提高专业素养的可能性，也为教师的专业素养的提高和专业发展提供平台。

1.1.2　教师专业化发展的迫切需求

教育是民族进步的根本，教师是教育发展的基石。教师发展关乎教育质量的根本。为此，教师的发展历来备受关注。而教师学习自古以来一直是教师发展的重要途径，尤其是在 1972 年 5 月联合国教科文组织《学会生存——教育世界的今天和明天》一书出版之后，终身学习思想逐渐进入人们关注的视野，教师学习越来越成为教师发展的重要方式。

知识经济时代，学习是人们适应社会、工作和生活的必要手段，人们对学习的认识也在不断地变化。当前终身学习的理念正在全球大力推行，广泛地存在于人们的日常生活中的非正式学习作为终身学习的一种重要形式也逐渐受到了关注。许多国家及组织都充分认识到了非正式学习的特点及效用，希望利用非正式学习来改善现状并提升竞争力。

20 世纪 70 年代以来，各国政府对教师的发展与学习问题日益表现出高度的重视，各种促进教师学习与发展的文件、政策纷纷出台，政府也开展了各种教师学习的实践活动。

20 世纪 70 年代，随着英国《詹姆斯报告》的发表，世界各国开始高度重视教师的职后培训。于是，教师的职后培训就成为教师学习和发展的代名词，更或者是唯一途径。我国政府也先后于 1993 年颁布了《中华人民共和国教师法》，1999 年发布了《中小学教师继续教育规定》，2010 年启动了"国培计划"，2012 年在《国务院关于加强教师队伍建设的意见（国发〔2012〕41 号）》文件中提出建立教师学习培训制度的意见，以突出在职教师培训的必要性和重要性。不仅如此，20 世纪 90 年代中期之前，在我国教师学习与发展相关文献中，主要使用的就是"教师培训"或"教师继续教育"的概念。因此，时至今日，谈及职后教师学习与发展问题总会陷入教师学习与发展就等于教师培训的泥淖中。实质上，以教师培训为表现形式的教师正式学习只是教师实现发展的一种外在推动力量，仅靠这种外力的推动并不能有效实现教师发展。

实践证明，教师的发展机会主要出现于日常环境中，尤其是与教师日常工作紧密相关并聚焦于具体内容的，而由教师自我组织、自我决定、自我激励的非正式学习更能促进教师的发展。此外，教师是一个具有社会价值与自我价值高度统一的完整的人，教师发展不仅包含教师专业发展，还应该涵盖教师自我生命潜能最大限度的激发和人生价值最大限度的实现。为此，教师发展需要进行基于自我实现和自我完善的非正式学习，这是最大限度地促进教师发展的重要举措。

1988 年，美国全国教学与美国未来委员会在《变化中的工作，变化中的学习：工作场所和社区中教师学习的必要性》的研究报告中指出"到 2000 年，国家应保证所有教师都有机会获得高质量的专业发展以及在学院进修的正常时间"，同时指出"在工作场所和社区背景下的教师学习是专业发展计划中所必需的，其目的是提供真实的学习经验"。美国许多州还明确规定教师必须进行学习。2003 年，美国伊利诺伊州通过了一项法规，明确要求实践性教师必须经过大量的专业发展学习以作为更新他们教学资格的条件（五年有效期）[①]。

在中国，教师学习也备受关注。香港师训与师资咨询委员会早在 2003 年发表了《学习的专业·专业的学习：教师专业能力理念架构及教师持续专业发展》白皮书，在其中已制定教师持续专业发展政策的基本原则，其提出"每位教师都应该是持续学习者"，并建议所有教师"在每个三年周期内，参与不少于 150 小时的持续专业发展活动"。

党和政府历来都重视中小学教师培训工作，从中华人民共和国成立初期即出台和实施了大量切实有效的中小学教师培训政策、措施，极大地促进和保障了中小学教师各项培训工作的有效开展。20 世纪 50 年代，教育部先后下达《关于举办小学教师轮训班的指示》《关于加强中等学校在职教师业余进修的指示》等一系列文件；1977 年 12 月，教育部颁发《关于加强中小学在职教师培训工作的意见》；1983 年 1 月，教育部颁布《关于加强小学在职教师进修工作的意见》；1994 年开始实施《中华人民共和国教师法》；1995 年颁布实施《中华人民共和国教育法》，

---

① Shapiro J K. Exploring teacher's informal learning for policy on professional development[D]. Santa Monica: RAND Graduate School, 2003.

1996 年颁布实施《教师资格条例》；1999 年，教育部颁布《中小学教师继续教育规定》；2002 年，教育部颁布实施《关于"十二五"期间教师教育改革与发展的意见》；2005 年，教育部启动《中小学教师教育技术能力标准》；2011 年 1 月，教育部下发《关于大力加强中小学教师培训工作的意见》，2011 年 10 月，教育部又颁布《关于大力推进教师教育课程改革的意见》和《教师教育课程标准（试行）》①。经过几十年的努力，我国中小学教师培训工作取得了巨大的成就，形成了多层次、多维度、多渠道、多样化和制度化的培训机制。

教育部于 2011 年 9 月开始教师的定期培训，2011 年 10 月颁布《教师教育课程标准（试行）》，强调教师是"终身学习者"；提出了建立教师学习培训制度的意见；实行五年一周期不少于 360 学时的教师全员培训制度，推行教师培训学分制度；采取顶岗置换研修、校本研修、远程培训等多种模式，大力开展中小学、幼儿园教师特别是农村教师培训。

《学会生存——教育世界的今天和明天》一书早就指出："现代社会，每个人都是一个'未完成的人'，人永远不会变成一个成人，他的生存是一个无止境的完善过程和学习过程。"②以教育信息化带动教育现代化，是我国教育事业发展的战略选择。促进优质教育资源普及共享，推进信息技术与教育教学深度融合，实现教育思想、理念、方法和手段全方位创新，对于提高教育质量、促进教育公平、构建信息化和学习型社会具有重大意义。

1.1.3 当代教育弊端日益显著

20 世纪的工业革命及第二次世界大战为西方的教育带来了发展动力与契机，这种大发展及结构上的重大调整从根本上来说，都是教育适应科学技术进步与社会发展的结果，行为主义、认知主义等学习理论得到了很大的发展，其对应的以知识传递为主的教育模式在当时确实起到了一定的成效，然而在 21 世纪的知识经济时代尤其是互联网技术快速发展的浪潮下，代表正式学习的传统教育越来越无法适应社会的发展及其对人才的要求，原因在于这种教学观念忽略了世界的复杂性以及人作为知识主体所具有的巨大的主观能动性，同时学习理论的不断发展让

---

① 史俊龙. 我国中小学教师培训政策的演进及趋势分析[D]. 兰州：西北师范大学，2012.

② 联合国教育、科学及文化组织国际教育发展委员会. 学会生存——教育世界的今天和明天[M]. 上海：上海译文出版社，1979: 196.

人们在教育中更为关注学习的情境性与交互性，强调学习者的自我建构。在传统教育受到了极大冲击的情况下，不少教育研究者都在积极探索对应之策，非正式学习也正是在这样的背景下进入了研究者的视野中，并因其效用很快便受到了重视。

我国教育事业在改革开放的 40 年里，随着经济的腾飞，也步入了快速发展的轨道，高等教育规模已经稳居世界第一，基础教育发展取得的成绩也有目共睹，但同时，一些问题和矛盾也日益显现并呈扩大之势。传统的教师的教学方式、学生的学习方式、落后的教学管理模式及以成绩为主的教学形式严重制约着教育的发展，并且导致当前学生的总体竞争力较低、自学能力不足。因此，自下而上的教育改革的呼声也越来越高，教育的质量问题引起各界的广泛关注。教育的问题首先是制度的问题，其次是教师的问题。教育出了问题，应该同时解决制度和教师的问题，在制度暂时无法解决的前提下，应该解决教师的问题，正式教育无法解决也不能解决的问题，只能交由非正式教育或者非正式学习来解决。因此，各级教育主管部门和学校应该通过多种途径鼓励教师的非正式学习。而在少数民族地区，由于经济及自然条件的限制，教师的整体素质普遍低于全国平均水平，因此在少数民族地区的学校，尤其应该重视并通过多种途径和措施来推广教师的非正式学习。

1.2　研究目的及意义

1.2.1　研究目的

教师是教育的重要资源，甘肃省民族地区，由于经济文化相对落后、自然环境恶劣等原因，中学教师师资紧缺现象长期存在，城乡教学差距明显且有进一步加大的趋势。中学生是影响并改变当地经济和文化的主导力量，而当地教师是中学生接受教育的主导力量。某种程度上可以说，民族地区教师的发展水平代表着民族地区未来的发展方向，所以提升甘肃省民族地区中学教师师资力量和水平已是形势所迫。

本书旨在厘清非正式学习、"互联网+"等基本概念的基础上，分析"互联网+"环境下教师非正式学习的特点及主要形式，探讨"互联网+"环境为教师非正式学习带来的优势；通过问卷调查和访谈等形式的实证研究，深入了解甘肃省民族地区中学教师在"互联网+"背景下进行非正式学习的现状，分析存在的问题，指出问题的根源并有针对性地提出提升策略。

1.2.2 研究意义

1. 有利于弥补教师正式学习的不足

在基础教育改革的过程中，教师知识水平与教学能力的高低将直接决定着教育改革的成败。通过优秀教育资源网站的创建、精品课程的建设、"农村中小学现代远程教育"项目的推进，已经基本实现了优质资源的城乡共享。但是在实际的教学过程中，依然不同程度地存在问题，基础教育的质量并没有预期般地提高。专家发现，要发挥信息技术与课程整合的最大功效，推进基础教育课程改革的有序发展，其关键因素是教师的教学能力。由此，国家针对中小学教师展开了多项培训，如"中小学教师继续教育工程"、中小学教师信息技术培训以及"全国中小学教师教育技术能力建设计划"的实施等。随着各项培训的有序进行，教师的教学能力得到了明显提高，能够暂时满足教学的需要。但是教学活动是不断变化的，短期培训无法从根本上满足教学对教师能力提高的不断需求，这一矛盾的存在必将影响课程改革的有序进行。然而，从教师平时的工作中可以看出，教师虽然不具备比较长的空闲时间，但是在课余之时，教师却有着丰富的、碎片式的学习时间。此外，教师在参加工作后，学习方式不再是固定的，而是比较自由零散的，学习内容也是因人而异、因需要而选择的。在这样充足的碎片时间中，教师无法进行正式学习，却完全可以进行自主的非正式学习，通过非正式学习，有目的地提升个人的专业素养和教学能力，弥补常规培训和正式学习的不足，使教师的教学能力得到最大限度的提升，满足不断变化的教学需要，适应工作岗位的不同要求。

2. 有利于促进教师的理论知识向实践的转化

教师在平时的学习与培训中，主要学习一些与教育有关的教学理论，这些理论能从宏观上对教师的教学给予指导，但理论与实践的转化是难点，并不是所有的理论都可以转化为教师的教学行为。

有关研究表明，教师的理论知识分为两类，一是所倡导的理论，即教师清楚地意识到并能表达出来的外显知识；二是所采用的理论，即能够直接影响其教学行为并不一定能被本人意识到的内隐知识。由此，教师能够从"所倡导的理论"转化为"所采用的理论"的过程，也就是教师能力提高的标志。但是在实践的教学中，教师在不同的情境与面对的不同压力下，往往难以实现上述转化。在实际教学中依然沿用自己的方法进行教学，新的理论与方法只有在"公开课""示范课"或"评比课"中才能见到，平时的授课基本还是按照传统的方法进行，这也就是进行长时间的教学培训后，教师的教学能力依然没有得到显著提高的主要原因。

上述问题的出现不是一种偶然，主要是因为在对教师进行培训的过程中，理论与实践环节严重脱节，理论没有和教师所面临的实际情况相结合，导致教师在实际的教学中难以有效运用这些理论，也不愿意使用，即"所倡导的理论"难以转化为教师"所采用的理论"。解决这一问题的关键就是让教师能够在真实的情境中学习，进行"做中学"，脱离实际的理论是没有意义的。正如丘吉尔所说，"我随时准备投入学习，但是我不喜欢被教"。而非正式学习则具有较强的情境性，在平时的无意识交往中就能实现知识的增长、能力的提升。在平时的教师交谈中，充斥着各种各样的教学经验与感悟，如教师的教学心得、班级管理技巧等，这些都是教师长年的积累所形成的，年轻或者缺乏经验的教师就可以通过这种轻松的交流与探讨等非正式方式获得，比正规的培训或者报告来得真实、学得真切，也能够将其较快地应用到自己的教学实践中，实现知识的转化与提高。

所谓"听君一席话，胜读十年书"，正是对非正式学习效果的精确描述。

3. 有利于提高教师的实践教学能力

《教育大辞典》对教学能力的定义是教师为达到教学目标，顺利从事教学活动的本领。

教学能力的提高有助于促进教师的专业发展，促进课程教学质量的提高，有利于学生的全面发展。教师在平时的学习中，不能仅仅局限于教育学领域，而应扩展自己的视野；不仅注重增加自己的学科教学知识，还需要学习各种教学技巧与方法；不仅要注意平时的正式学习，还要主动地、积极地参与各种非正式学习。教师在平时的工作中要不断地提高自己的教学能力，以满足教学的需要。虽然教师教学能力的提高可以通过听专家报告或者培训获得，但是教师能力的提高不能仅仅依靠被动的听讲，更重要的是需要在实践活动中通过"做"来达到的。"能力只有在需要该种能力的活动中才能形成。"这一说法深刻揭示了教师的教学能力与教师能动的学习活动之间的关系。例如，协调师生关系能力、课堂创新能力、课后反思能力等，都需要教师在实践中，通过不断地实践与反复总结才能获得。

非正式学习正是一种实践学习，它源于实际需要，并在实践中寻求解决问题的途径。通过非正式学习，教师能够及时地获取所需要的信息，能够有效地提高实践教学能力，促进教学目标的实现和教育教学质量的提高。

1.3　研究内容、方法及思路

1.3.1　研究内容

（1）通过文献检索，澄清非正式学习、教师非正式学习的概念、内涵、特征及理论基础等；通过文献和相关信息的检索了解互联网及"互联网+"的最新发展成果与应用情况，为后面的实证研究做好理论铺垫。

（2）分析总结已有关于非正式学习的影响因素的研究，结合甘肃省民族地区中学教师情况，设计调查问卷和访谈提纲，进行问卷调查和访谈。

（3）利用 SPSS 软件统计调查数据，结合访谈内容，了解甘肃省民族地区中学教师在新媒体环境中非正式学习的现状，并指出存在的问题。

（4）针对调查中已存在的问题，提出切实可行的促进甘肃省民族地区中学教师非正式学习的策略，建立一个提升甘肃省民族地区中学教师能力的策略模型。

1.3.2　研究方法

1）文献分析法

文献分析法是通过图书馆、资料室、期刊网、互联网等多种渠道搜集大量关于教师教育技术能力培训的文献资料等，并进行系统的分析，从中归纳出目前存在的问题。然后将这些问题进行分类汇总，分析出现这些问题的原因。

本书首先搜集与非正式学习、互联网及"互联网+"相关的原始文献内容，包括学术论文、学位论文、报纸资料、会议资料和专著等，并对收集的内容进行梳理，分析和总结出对本书有用的资料，以便在研究过程中参考和借鉴。

2）内容分析法

对在中国知网上搜集到的关于非正式学习文献资料结合研究主题和被引频

次筛选，最终确定 270 篇文献资料（学术论文 185 篇、学位论文 85 篇）作为研究对象，统计并分析研究现状与研究热点，以便对非正式学习有比较系统深入的认识和把握。

3）问卷调查法

在梳理了非正式学习和"互联网+"相关概念的基础上，通过自编问卷，采用抽样调查法对甘肃省民族地区中学教师基于"互联网+"环境的非正式学习情况进行调查，以了解现状及存在的问题。

4）访谈法

访谈法是一种研究性谈话，指通过与被访谈者的口头交流来收集所需要的资料的研究方法。在确定了研究选题之后，作者通过座谈等方法与中学教师进行交流，了解中学教师所接受的教育技术培训的形式、内容与方法以及培训后的效果等，从中了解目前教育技术培训中存在的部分问题。

本书抽取一定数量的教师作为访谈对象，通过访谈进一步了解"互联网+"环境下甘肃省民族地区中学教师非正式学习情况，对问卷调查结果做进一步的补充。

1.3.3　研究思路

根据以上内容制定了研究思路，如图 1-1 所示。

首先，进行相关的文献检索研究，尽可能多地占有第一手的资料，为后续的研究工作打下基础；然后，探讨"互联网+"视角下教师的非正式学习等相关理念，通过问卷、访谈等多种形式调查甘肃省民族地区中学教师非正式学习的现状，统计并分析数据，分析存在的问题及根源；最后，提出甘肃省民族地区中学教师非正式学习能力提升策略，并在此基础上提出甘肃省民族地区中学教师"精准培训"模型。

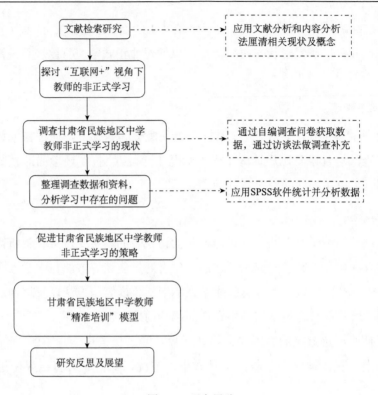

图 1-1　研究思路

第2章 甘肃省民族地区教育发展现状

教育是民族振兴、社会进步的基石，是提高国民素质、促进人的全面发展的根本途径。甘肃省作为一个边远、落后的、少数民族占一定比例的地区，其教育的发展离不开经济的支撑，在经济整体不振的大环境下，教育事业的发展也受到了很大的制约。本章试图对甘肃省若干少数民族占主导地位的地区的教育发展现状进行详细梳理和分析。

2.1 甘肃省民族地区教育基本情况

根据2010年第六次全国人口普查，2010年11月1日零时，甘肃省常住人口中，汉族人口为2316.4756万人，占90.57%；各少数民族人口为241.0498万人，占9.43%。甘肃省是一个多民族聚居的地方，人口较多、世居甘肃的少数民族有10个，分别是回族、藏族、东乡族、保安族、裕固族、蒙古族、撒拉族、哈萨克族、土族、满族，其中东乡族、保安族、裕固族是甘肃省的独有民族。甘肃省民族地区包括2个自治州（甘南藏族自治州和临夏回族自治州）、7个自治县（张家川回族自治县、天祝藏族自治县、肃北蒙古族自治县、肃南裕固族自治县、阿克塞哈萨克族自治县、东乡族自治县和积石山保安族东乡族撒拉族自治县），总人口333.1万人，占甘肃省总人口的13.02%，其中少数民族人口199.3万人，土地面积18万平方千米，占甘肃省总面积的39.8%。另外，甘肃省还有35个民族乡(镇)，其中回族乡16个、东乡族乡8个、藏族乡7个、裕固族乡1个、蒙古族乡2个、土族乡1个，总人口31.1万人，其中少数民族人口20.6万人[1]。

近年来，甘肃省民族教育事业取得了长足发展，教育资源快速增长，办学条件极大改善，教育质量不断提高，初步形成了从学前教育到高等教育的现代教育体系，培养了一大批少数民族人才，为民族地区经济发展、民族团结与社会稳定做出了重要贡献。截至2015年底，甘肃省民族地区共有各级各类学校（幼儿园）

---

① 甘肃省民族事务委员会. 民族概况[EB/OL]. [2018-02-01]. http://www.gsmw.gov.cn/htm/list/31_1.htm.

2163 所,在校(园)学生(儿童)57.7 万人,教职工 4.6 万人(其中专任教师 4.2 万人),中小学生均建筑面积超过甘肃省平均水平(民族地区小学、初中、高中分别为 7.94 平方米、12.14 平方米和 15.96 平方米,甘肃省平均水平分别为 7.62 平方米、11.48 平方米和 14.4 平方米),中小学生均图书、中小学生均教学仪器设备值、专任教师学历合格率等指标总体达到或接近甘肃省平均水平。

　　但是,由于受历史、地理、自然等因素制约,民族教育发展仍面临一些特殊困难、短板问题和薄弱环节,整体发展程度与甘肃省平均水平存在较大差距。甘南藏族自治州人均受教育年限只有 6.68 年,临夏回族自治州人均受教育年限只有 7.02 年,分别比甘肃省人均受教育年限低 1.49 年和 1.15 年;学前三年毛入园率、九年义务教育巩固率、高中阶段教育毛入学率分别低于甘肃省平均水平 11 个、11 个和 25 个百分点(民族地区分别为 64%、82%和 67%,甘肃省平均水平分别为 75%、93%和 92%);学前教育资源紧缺、教师缺编严重(民族地区幼儿园生师比为 26.47,甘肃省为 23.11);城镇义务教育资源短缺、农村学校空心化现象突出,普通高中投入不足、职业教育生源不足和职普比失衡(民族地区在校生职普比 1.4∶8.6,甘肃省为 3.6∶6.4);双语教育师资结构性短缺和课程教材建设滞后,寄宿制学校教师和教辅编制严重短缺;州县地方财政困难等已成为制约民族地区教育发展的重要因素①。

2.2　甘肃省民族地区教育发展现状分析

2.2.1　甘南藏族自治州教育发展现状②

　　近年来,甘南藏族自治州(以下简称甘南州)抢抓中央和甘肃省支持民族教育、藏区教育与三省交界地区教育发展政策叠加的历史机遇,加速发展教育事业,使全州教育面貌发生了翻天覆地的变化。

　　甘南州把优先发展教育作为重中之重,纳入经济社会发展总体规划,在制定发展规划、部署工作、安排资金等方面,优先考虑教育事业发展。甘南州先后制

①甘肃省人民政府办公厅. 甘肃省加快发展民族教育专项规划(2016—2020 年)[DB/OL].(2016-05-10)[2018-02-01]. http://www.gansu.gov.cn/art/2016/5/10/art_4827_272675.html.

②甘肃省民族事务委员会. 甘南藏族自治州教育事业发展成效明显[DB/OL].(2018-01-30)[2018-02-01]. http://www.gsmw.gov.cn/htm/20181/22_20432.htm.

定出台了《甘南州第二期学前教育发展三年行动计划（2015—2017 年）》《甘南州人民政府关于促进学前教育健康快速发展的意见》《甘南州人民政府关于加快发展现代职业教育的实施意见》《甘南州职业教育发展规划（2015—2020 年）》等。在州县（市）财政十分困难的情况下，实施了高中免费教育、农牧村学前教育阶段幼儿营养改善计划、农牧村学前教育公用经费纳入财政保障、为乡村教师发放生活补助、为班主任发放岗位补助等为民办实事教育项目，并纳入了政策体系。

甘南州针对幼儿入园率低的实际问题，利用基本普及九年义务教育和基本扫除青壮年文盲（简称"两基"）工作机制和方法，采取免除保教费、提供营养早餐、教育引导、政策宣传等有针对性的措施，动员家长送子女入园，使更多的适龄幼儿接受了学前教育。截至 2017 年底，与 2010 年相比各项指标均得到大幅提升，学前三年毛入园率达到 90.9%，提高了 77.4 个百分点；九年义务教育巩固率达到 95.11%，提高了 21.81 个百分点；高中阶段毛入学率达到 83.6%，提高了 15.99 个百分点，高考录取率达到 92.5%。

2012～2017 年甘南州共投入 5.13 亿元，着力扩充学前教育资源，在办幼儿园增加 265 所，达到 281 所，170 所正在建设中，1500 人以上行政村幼儿园全覆盖，500 人以上生态文明小康村幼儿园全覆盖。投入 11 亿元，实施了藏区专项、"全面改薄"等项目，建设、改造中小学校舍 146.59 万平方米，校舍面积达到 403.04 万平方米，中小学 D 级危房全面消除；添置了一大批课桌凳、学生用床和教学仪器设备，义务教育阶段学生达到 1 人 1 桌 1 椅（凳），寄宿制学校 1 人 1 床，中小学生均图书达到国家二类标准，中小学生均教学仪器设备值达到省定标准，义务教育阶段学校实现了"班班通"全覆盖。投入 2.2 亿元，新建甘南州中等职业学校。

甘南州加大紧缺学科教师招录引进力度，2012～2017 年补充教师 4177 人，教职工总数达到 12959 名，利用"国培计划"等项目培训教师（校、园长）1.5 万人（次），所有教师接受了新一轮全员培训。建立县域内教师流动、校长交流机制，推动城镇优秀教师向乡村学校流动，五年来共交流教师 2417 人（次）。实施"三区支教计划"，省内教育发达地区教师和大学生支教已达到 1331 人。全面落实乡村教师支持计划，职称评聘向乡村教师倾斜，2012～2017 年评定一级教师 2138 名、高级教师 567 名、正高级教师 6 名；2015～2016 年地方财政落实乡村教师生活补助 3463.43 万元，落实班主任岗位补助 1508.35 万元，乡村教师待遇进一步提高；近五年投入 8678 万元新建教师周转宿舍 1054 套，进一步改善了教师居住条件。

　　2012～2017 年，甘南州共落实农村义务教育中小学公用经费、农村家庭经济困难寄宿生生活补助、农村义务教育学生营养改善计划和义务教育阶段取暖费补助 15.13 亿元，寄宿生生活补助从 2010 年每生每年 1200 元提高到 2200 元，取暖费补助标准从每生每年 100 元提高到 326 元。共落实普通高中家庭经济困难学生国家助学金 6778 万元，累计资助高中学生 4.72 万人（次）。共落实中等职业教育家庭经济困难学生国家助学金 2057 万元，累计资助中职学生 1.25 万人（次）。学前教育和高中教育低标准实现免费。州县（市）政府从 2012 年开始按生均每年 900～1100 元的标准补助公用经费，所有高中学生免收学杂费、住宿费、取暖费、保险费等，累计投入资金 7416.2 万元。2016 年省内高职院校就读的建档立卡贫困家庭学生免学费和书本费资金 1407 万元，受助学生 2724 人。同时为家庭经济困难学生申请了生源地助学贷款，做到了应贷尽贷。国家义务教育扶贫政策的实施，有力助推了"精准脱贫"，提高了入学率。

　　甘南州深入贯彻落实"一切为了学生健康成长"的育人理念，以全面提升全体学生的基本素质为根本目的，把道德素质、智力素质、科学素质、身体素质、审美素质、劳动技能素质的培养融入学校教学管理内容，把创造性能力的培养、自学能力的培养、社会公德教育、世界观人生观劳动观教育纳入教学改革内容，认真推行音体美课程和"阳光体育"试点改革，积极创建省级"快乐示范校""德育示范校"和校园足球特色学校，促进学生身心健康发展。州政府出台了《关于进一步加强学校体育工作的实施意见》，加强了学校体艺工作，举办了州、县、校三个层面的多次比赛和展演活动，深入推进素质教育。

2.2.2　临夏回族自治州教育发展现状[①]

　　甘肃省临夏回族自治州（以下简称临夏州）把教育作为基础性、战略性、先导性的事业，纳入经济社会发展大局，以办人民满意的教育为宗旨，科学谋划，顶层设计，综合施策，加强师资队伍建设，优化教育资源配置，深化教育课程改革，提高教育教学质量，推动教育事业公平发展、均衡发展、提质发展、跨越发展。截至目前，临夏州初步形成高等教育、中等职业教育、普通高中教育、义务

---

① 甘肃省民族事务委员会. 临夏回族自治州大力发展教育事业取得成效显著[DB/OL].（2016-05-31）[2018-02-24]. http://www.gsmw.gov.cn/htm/20165/121_12323.htm.

教育、学前教育、特殊教育和继续教育完备的教育结构与教育体系，适龄儿童入学率为99.24%，适龄少年入学率为96.5%，学前三年毛入园率为74.4%，九年义务教育巩固率为74.8%，高中阶段毛入学率为60%。

2012年9月，临夏州出台了《关于促进全州教育事业跨越发展的决定》，从改善办学条件、加大资金投入、加强教师队伍建设、提高教师待遇、高中和学前教育免费、提升教育质量等方面制定22条具有较高含金量的政策措施。2013年10月，甘肃省教育厅出台了《支持临夏回族自治州教育跨越发展行动计划（2013—2020年）》，从学前教育、义务教育、高中教育、职业教育和高等教育等各方面提出了全方位支持临夏州教育事业发展的优惠政策。2014年9月，临夏州对接《关于促进全州教育事业跨越发展的决定》和《支持临夏回族自治州教育跨越发展行动计划（2013—2020年）》中的政策措施，重新修订《临夏回族自治州教育条例》，以地方法规的形式确立教育优先发展的战略地位，明确教育发展的各项任务和具体细则，为教育事业的可持续发展提供了强有力的政策和法制保障。

近年来，临夏州累计投资40多亿元，实施"全面改薄"、全国中小学校舍安全工程（简称校安工程）、职业学校、幼儿园、教师周转房等项目和配套设施建设，新建、改扩建校舍121万平方米，消除D级危房45万平方米，教育硬件条件有了大幅提升，很大程度上缩小了城乡义务教育发展差距。新建州职业学院、州特殊教育（简称特教）学校，使得教育体系更加完善；在县城和重点乡镇建成一批高标准的初高中学校，实现了优质教育资源的集中，优化了教育布局。

为了促进学前教育和普通高中教育的跨越发展，临夏州创新思路，采取超常规措施，在甘肃省率先实行从学前到高中15年免费教育。2013年春季开学后，临夏州高中教育免费政策付诸实施，州县（市）全额免除普通高中学生的学费和书本费。2014年新学年伊始，临夏州又免除所有公办幼儿园和取得合法办园资格的民办幼儿园在园幼儿的保教费与书本费，学前教育免费政策对区域内幼儿园和学前班实行全覆盖，从而整体实现从幼儿园到高中教育全程免费，这在甘肃省尚属首例，在全国亦不多见。临夏州免费教育经费由州县（市）同级财政承担，每年免费资金均超过1亿元，受益学生达10万多人。

临夏州争取项目资金、县（市）自筹资金新建幼儿园400所，全州幼儿园总数达到469所，乡镇中心幼儿园和2000人以上行政村幼儿园实现全覆盖。农村幼儿园有暖气、玩教具，在园幼儿享受免费教育，极大地提高了家长送孩子入园的积极性，在园幼儿一年比一年多，幼儿入园率大幅提高。全州幼儿园在园幼儿从2010年的1.5万名增加到2017年的6.8万名，增加了5.3万名，学前三年毛入园率提高61.6个百分点。

临夏州成立推进义务教育均衡发展工作领导小组，制定推进义务教育均衡发展实施意见及义务教育均衡发展规划进程表，积极推进标准化学校建设工作，逐步解决城区学校"大班额"问题；通过实施农村薄弱学校改造项目，全面加快农村中小学实验室、图书室、电教室等教学功能教室建设步伐；均衡配置校舍、师资、仪器设备等资源，着力改善农村和山区学校办学条件，不断缩小城乡义务教育差距。建立农村留守儿童关爱服务体系，建成留守儿童之家100所，落实进城务工人员随迁子女"零障碍"入学政策。2011年，全州"两基"工作通过国家验收。2015年，永靖县义务教育发展基本均衡县创建工作通过了省级验收。

临夏州通过初高中剥离和高中向县城集中，使高中布局更趋合理。全州对所有高中进行了新建、改扩建，新建康乐中学、广河三甲集中学、积石山民族中学3所普通高中，整体搬迁临夏回民中学、临夏县韩集中学、永靖中学3所普通高中，并将河州中学整合到临夏中学，高中建设规划起点高，功能配套全，高中教学条件、学生食宿条件得到极大改善。同时，通过选配优秀校长、集中优秀教师，狠抓教育教学，高中教育规模和教学质量都有了一定提升，在校学生从2010年的3.09万人增加到2017年的3.97万人，高考录取率从56.5%提高到72.3%。

2015年5月4日，临夏现代职业学院揭牌，标志着临夏州有了自己的高等院校。同时，还建成了甘肃建筑职业技术学院康乐校区。围绕中职教育，合并州民族学校、州农业学校，成立州职业技术学校。全州初步形成职业教育中高职一体化发展的格局。

临夏州通过特岗教师招聘、民生实事项目基层中小学考录、幼儿园教师招聘和州自主招聘等渠道，累计招聘教师4396名，有效缓解了教师短缺的问题。启动实施教师培训工程，投资1000万元新建临夏州教师培训中心，先后通过"国培计划""省培计划""美丽园丁"等培训项目，累计培训教师、校长3.7万人（次），实现了教师队伍数量的增加和质量的提高。

临夏州建成"宽带网络校校通"学校750所，学校入网率占60%；建成"优质资源班班通"教室4202个，占教学用教室数的48.6%；发展"网络学习空间人人通"教师10000名，占全部教师数的47.47%；全州各级各类学校拥有计算机

19076 台，25 所学校建成了学校网站，实现校内教学资源共享。

2.2.3　张家川回族自治县教育发展现状①

甘肃省张家川回族自治县（以下简称张家川县）全面贯彻落实国家教育方针和民族政策，坚持落实教育优先发展的战略地位不动摇，在全面深化教育领域综合改革、积极构建协调发展民族教育体系、实现和巩固"两基"成果、大力改善办学条件、加强教师队伍建设、全面提高教育教学质量等方面做了大量卓有成效的工作，民族教育事业取得了长足发展。

到 2016 年，张家川县小学、初中适龄儿童少年入学率和巩固率分别达到了100%、98.27%和99.6%、98.28%。高中阶段教育普及程度大幅提高。高中阶段学生 6877 人，高中阶段毛入学率 81.28%，比 2010 年提高 16.8 个百分点，职普招生比达到4.1：5.9，开展各类职业技能培训 2.12 万人（次）。在园幼儿 4018 人，比 2010 年增加 2080 人。学前一年、二年、三年毛入园率分别达到64.53%、50.98%、41.22%，比 2010 年分别增长了 39.56 个、34.48 个、28.48 个百分点。15 岁以上人口平均受教育年限达到 9.5 年。

张家川县制定出台了《张家川县教育事业中长期改革和发展规划纲要（2010—2020）》《张家川县高中教育和职业教育发展规划》《张家川县学前教育三年行动计划》等提高教育质量的 7 个实施意见。2010 年做出了实施城区优质教育资源提升"8+2"工程的重大决策，确立了张家川县教育三年大发展目标。2014年，以教育体制改革为动力，围绕解决影响和制约张家川县教育事业健康发展的问题，探索建立了"五大机制"。这些思路、举措和发展目标的确定，为民族地区教育事业的发展指明了方向。张家川县每年对教育工作中取得优异成绩的学校、教师和学生进行重奖，2011～2015 年共发放奖金 565.4 万元，县财政在教育基础设施建设上投入资金共 1.56 亿元，无偿划拨中小学校建设用地 550 多亩（1 亩≈666.67 平方米）。同时，每年投入资金约 6000 万元，落实营养改善计划、大学生生源地助学贷款等优惠政策，有力促进了张家川县民族教育事业的快速发展。

张家川县优先用好校安工程、"全面改薄"等国家各类教育项目资金，2011

---

① 甘肃省民族事务委员会. 张家川县五年来教育事业取得长足发展[DB/OL]. （2016-10-19）[2018-02-25]. http://www.gsmw.gov.cn/htm/201610/121_15077.htm.

年以来共投入资金 54659.05 万元，新建、改扩建、维修加固校舍 235837.8 平方米，消除危房面积 57151 平方米，危房率由 2009 年的 78.31%下降到 0%，2015 年县域内学校危房得到全部消除。特别是 2010 年以来，县财政投入 1.154 亿元，实施了城区优质教育资源提升"8+2"工程，使城区教育资源和标准化学校建设走在了全市的前列。自 2014 年"全面改薄"项目启动以来，张家川县共争取项目 129 个，投入资金 17225.3 万元，已实施项目 115 个，完工 83 个，完工率为 72%。积极推动学前教育资源向行政村延伸，近年来全县共争取到幼儿园建设项目 106 个，其中，15 个乡镇中心幼儿园项目于 2015 年建成并已投入使用，21 所 58 个集中连片贫困县 2000 人以上行政村幼儿园建设工程已全部完工，70 所 1000 人以上行政村幼儿园建设项目 2016 年已建成并于秋季学期投入使用。同时，全面加强"三通两平台"建设，实现了义务教育阶段"班班通"全覆盖。目前，校舍建筑面积达到 42.7 万平方米，中小学生均校舍建筑面积达到 8.45 平方米。

2013 年启动实施了学前教育第一期三年行动计划，累计投入资金 6026.96 万元，建成各类幼儿园 21 所，总建筑面积 3.2 万平方米，乡镇公办中心幼儿园实现全覆盖，幼儿入园率达 60.5%。2015 年，足额落实教育建设项目配套资金 2800 万元，共投入 15586 万元大力改善薄弱学校办学条件。通过农村幼儿园建设、"全面改薄"等教育重点项目的实施，在农村逐步形成了满足适龄幼儿、儿童、少年就近入学需求的幼儿园、学校布局结构。90%以上的乡村完全小学、初级中学的校园、校舍、体育运动场所、安全设施、卫生设施、寄宿设施、教学仪器设备、信息技术设备和班额等 14 项办学标准较上一年有大幅度提高。随着 70 所 1000 人以上行政村幼儿园建设项目的全面完成，幼儿园数达到 121 所，幼儿园覆盖到 255 个行政村，新增 4992 名适龄幼儿入园接受学前教育，学前三年教育毛入园率达到 75.3%，提前四年实现农村幼儿园全覆盖。认真贯彻落实国家教育方针政策，全面普及九年义务教育，进一步完善义务教育经费保障机制，及时发放贫困生、寄宿生生活补助，近年来投入教育经费 1.56 亿元，发放免费教科书 41 万余套；全力实施好中小学生营养改善计划，2012 年以来，对 252 所农村义务教育阶段 30099 名中小学生发放了营养膳食补助，同时利用国家"全面改薄"专项资金，建成学生食堂 64 所，目前已启用 30 所，初步形成了由企业供餐为主向学校食堂供餐过渡势头，农村义务教育阶段少年、儿童健康指数得到大力提升。

着力加强以课堂为中心的教学研究、以学生为主体的学法研究，普通高中教育质量稳步提升，从 2008 年开始，实现了高考成绩"八连增"，2012 年张家川回族自治县第一高级中学（简称一中）被授予市级示范性高中。2016 年实际参加高考考生 1800 名，各类本科上线 674 人，上线率为 37.44%，较 2015 年增长 4.02 个百分点，应届生本科上线 448 人，较 2015 年增长 2.99 个百分点。服务经济发展，拓宽职业教育，制定出台了《张家川县人民政府关于大力发展职业教育的意见》，紧紧围绕"一体两翼"的办学思想，抢抓职教发展机遇，加大职业教育硬件建设，职教中心教学楼、宿舍楼、学生食堂等相继建成并投入使用，实现了在校人数、校园面积、建筑面积、教师人数四个翻番。特别是 2015 年以来，职教中心根据张家川县"三大富民产业"发展需求，整合师资力量，开设了"伊香拉面师"培训专业，瞄准清真餐饮业发展优势，对接建档立卡的贫困村、贫困户，安排专项资金，依托职教中心开办"伊香拉面师"培训班 5 期，每期一月，通过考试考核，目前已累计培训 1180 人，898 人取得相应资格证书；还开办"妇联家政服务员培训班"，培训人员 100 人；开办"退耕还林"等涉农培训，共培训 620 人，取得了良好的社会效益，实现了"输出一人，脱贫一户"的目标，贫困群众的脱贫信心明显增强，职业教育作为智力扶贫的主阵地功能得到全面发挥。

　　狠抓校长和教师两支队伍的建设，全面推行校长任期聘任制和城区教师凡进必考制度，"十二五"期间，共选拔录用教师 940 人，小学、初中、高中生师比分别达到 11.36：1、10.65：1 、14.8：1，教师结构得到优化。扎实推进"三区"人才支持计划教师专项计划，建立了优秀校长外出考察培训机制，加强对校长全方位的培训，先后有 272 名校长赴香港、天津、南京、无锡等地考察学习，不断加强对教师的培训和学习，有 4137 名校长及教师参加了省市各类培训，实现教师培训工作全员化参与覆盖，各级教师的精神面貌、工作态度有了很大转变，教学能力和水平也有了大幅度提高。全面推行"优秀教育工作者"和"县园丁"评选表彰活动，认真解读并落实《乡村教师支持计划（2015—2020 年)》，积极落实教师免费早餐制度和乡村教师生活补助政策，根据中央文件精神，结合实际制定出台了《张家川县义务教育阶段边远学校教师生活补助发放管理办法（试行)》，并于2014 年 9 月开始实施。目前累计发放乡村教师生活补助 1093.48 万元。大幅度提高班主任工作津贴，设立优秀教师奖励资金，努力改善教师生活环境，广大教师的积极性和主动性得到充分调动，教师队伍凝聚力不断增强，人才队伍不断壮大。

　　儿童美德教育得到进一步推广，全面开展艺术等级测试和青少年科技小制作评选活动。坚持"两操两课"活动，全面提高学生身心素质；积极推进课程改革，建立多元化的综合素质评价体系，减轻学生课业负担，提高教育质量。"五园"创建活动特色鲜明，语言文字示范校 36 所，省级德育示范校 6 所，绿色校园 18 个，安全校园 19 个。

借助"全面改薄"项目继续加大资金投入和政策支持力度，全力加快学校"三通两平台"（即宽带网络校校通、优质资源班班通、网络学习空间人人通，建设教育资源公共服务平台、教育管理公共服务平台）建设速度，中小学互联网已接入学校 181 所，占学校总数的 63.7%，其中 10Mbit/s 以上宽带接入率达 21.5%；建设多媒体教室 857 个，占总数的 52.3%；配有多媒体教室的学校 87 所，占总数的 30.6%；接通网络的多媒体教室 170 个，占总数的 38%；配有计算机教室的学校 46 所，占学校总数的 20%，共有计算机 5000 余台，其中教师用计算机 1314 台，生机比为 8.5∶1。继续深入开展"一师一优课、一课一名师"活动，加快信息技术与教育教育的深度融合，2015 年参加晒课教师 1392 人，晒课 1649 节，其中评选出市级优课 32 节，省级优课 4 节，部级优课 2 节。主动拓宽网络学习空间，2015 年开展"一师一优课，一课一名师"活动，在甘肃省和国家教育资源公共服务平台开通教师网络学习空间的教师有 3559 人，占总数的 92%。在总结近年来教育信息化工作开展经验的基础上，结合实际推荐优秀案例，评选出覆盖不同学段、不同类型、不同应用模式的示范学校，组织专家重点指导，培育了一批能够发挥示范辐射带动作用的骨干学校、教师、课程，并在县域范围内加以推广。特别是"国培计划"实施以来，利用各种渠道，累计参加中小学教师信息技术应用能力培训 960 人，广大教师实现了利用现代教育技术不断改进教学方法、创新教学模式，推进课堂信息化教学的全面普及，提高了师生信息素养和学校信息化办学质量。

2.2.4　天祝藏族自治县教育发展现状①

"十二五"期间，甘肃省天祝藏族自治县（以下简称天祝县）始终坚持育人为本，不断优化教育结构，致力改善办学条件，着力提升教育质量。通过实施普通高中免费教育、义务教育营养改善计划、乡镇中心幼儿园建设、中小学校舍建

---

① 天祝藏族自治县人民政府办公室. 关于印发天祝藏族自治县教育事业发展"十三五"规划的通知[DB/OL]. (2017-04-07)[2018-02-26]. http://www.gstianzhu.gov.cn/xxgk/xxgkml/zfwj/zfwjfl/agwwzfl/tzbf/201704/t20170412_25321.html.

设、设备配备等重要民生实事，教育发展的均衡性、公平性得到进一步体现。

实施学校标准化建设工程，争取到藏区专项、"全面改薄"等项目，新建、改扩建中小学、幼儿园 129 所，投入资金 4.95 亿元，建筑面积 22.24 万平方米，运动场 15.1 万平方米，中小学生均建筑面积由"十一五"末的 7.65 平方米增加到 13 平方米。投资 450 万元，实施"温暖工程"，寄宿生宿舍全部实现了水暖供暖，使冬季取暖更加温暖、卫生、安全。投入资金 1865 万元，为 12 所农村学校新建教师周转宿舍 11284 平方米，农村教师生活条件得到改善。投入资金 6500 多万元，配备中小学实验、信息技术、音体美、卫生室和心理咨询室设施设备以及图书。中小学实验室、卫生室、心理咨询室均达省定标准，音体美教学器材和图书完全满足教学需要，初中物理、化学、生物和小学科学演示实验开出率均达到 100%，完全小学以上学校实现"班班通"和计算机教室全覆盖，网络覆盖率达 100%，独立初中以上学校建起了校园网，教学点实现了数字教育资源全覆盖。

共招聘引进 351 名高校毕业生充实到农村中小学幼儿园任教，教师队伍结构性短缺的问题得到有效缓解。参加县级及以上培训的教师达 11947 人（次），小学、初中、高中、中职、幼儿园专任教师学历达标率分别达到 100%、100%、96.97%、79.1%、100%，分别比"十一五"末提高了 0.82 个、4.14 个、3.7 个、0.97 个、7.81 个百分点。实行城镇中小学教师到农村学校支教制度，每年选派 20 名左右城区学校教师到农村学校支教，有效带动了农村薄弱学校师资水平的提高。实施"三名"工程，打造骨干教师队伍。共培养选拔省市县级骨干教师、学科带头人 466 名，占教师总数的 15.4%，比"十一五"末提高了 5.1 个百分点。深入开展师德师风建设系列活动，教育引导广大教师履行主体责任，践行师德规范，严守师德底线，教师队伍师德师风表现良好。从 2011 年起，义务教育阶段全部落实绩效工资；从 2014 年起，为全县农村学校教师按平均每人每月 100 元的标准落实乡村教师生活补助 352.84 万元；从 2015 年起，为乡村教师按每人每月 260～610 元不等标准发放乡镇工作岗位津贴，教师待遇不断提高。

把学前教育列入重要议事日程，纳入经济和社会发展总体规划，统筹安排，制定并实施了 2011～2016 年两期学前教育发展三年行动计划，在乡镇所在地和人口相对集中的行政村新建、改建幼儿园，充分利用布局调整后的富余校舍，以校中园的形式扩建一批农村幼儿园，新建、改扩建幼儿园 27 所，实现乡镇中心幼儿园和 2000 人以上行政村幼儿园全覆盖。鼓励和支持社会力量创办幼儿园，批准设立民办幼儿园 6 所。天祝县幼儿园成功创建为省级示范性幼儿园。幼儿园数量达到 36 所，比"十一五"末增加了 30 所，学前一年、两年、三年毛入园率分别达到 99.65%、84.89%、66.41%，分别比"十一五"末提高了 19.54 个、19.58 个、19.18 个百分点，学前教育规模不断扩大，普及程度明显提高。

着力加大项目建设，在学校建设和设备配备上向边远农村学校倾斜，新招录的教师全部安排在农村学校任教。2012 年起，全面实施农村义务教育学生营养改善计划，形成了符合天祝县实际的食堂供餐模式，成为甘肃省的示范和典型。通过开展结对帮扶、城区教师短期支教等活动，校际、城乡之间教育质量、办学条件、师资队伍、管理水平的差距逐步缩小，使学生接受相对公平的教育，进城务工人员随迁子女和残疾儿童入学机会得到保障，九年义务教育巩固率达到 99.75%，比"十一五"末提高了 5.55 个百分点。义务教育阶段学校达到甘肃省义务教育学校办学基本标准并通过市级评估认定。

从 2012 年起，实现了高中免费教育，累计投入免费教育资金 4490 多万元，化解高中学校债务 5800 多万元，为普通高中教育发展奠定了良好基础。天祝藏族自治县第一中学（简称天祝一中）成功创建为省级示范性普通高中，天祝藏族自治县民族中学成功创建为市级示范性普通高中，普通高中教育水平进一步提高。高中阶段毛入学率达到 91.21%，比"十一五"末提高了 16.55 个百分点。

重视和支持职业教育发展，积极争取项目修建了实训楼，配备了实训设备。采用"升学+就业"两条腿走路的办学模式，输转 406 名毕业生进入企业就业，275 名毕业生被省内外高等院校录取，职业教育水平得到提高。

每年在财政预算中单列 100 万元用于藏语言文字教育，将学习双语的小学、初中寄宿生生活补助在"两免一补"政策的基础上提高 50%，分别达到 1500 元和 1875 元。制定了《民族教育和双语教学发展规划》，组织编写了中小学《华锐藏语口语》《华锐藏语口语简易读本》，鼓励非双语学校开设藏语口语教学，推进非物质文化进校园工作，多形式开展藏语演讲竞赛活动，双语生源得到有效巩固，促进了民族教育的健康发展。

学前教育保教水平和质量不断提高，小学质量监测语、数、英三科合格率达到 89.3%，双语学校语、数、藏、英四科合格率达到 82.3%；初中毕业会考全科合格率达到 33.4%；累计 10291 人被各级各类高等院校录取，总录取率达到

83.85%，其中重点院校录取 815 人，录取率为 6.73%，本科以上院校录取 4818 人，录取率为 39.79%。

实施信息技术应用能力提升工程，出台了《关于加快推进教育信息化工作的意见》《天祝县信息技术应用能力提升工程三年行动方案（2015—2017 年）》，教育信息化工作有序推进。近年累计投入资金 4200 多万元，实施了"教学点数字教育资源全覆盖"等 12 个教育信息化建设项目，计算机教室和"班班通"设备实现全覆盖。建立了县、乡、校三级培训体系，形成了"专家引路、示范带动、实践操作、现场考核、辐射带动"的培训模式，80%的教师能够自如地运用信息技术手段和优质资源授课。狠抓教学应用，形成学科融合抓应用、依托活动载体抓应用、典型引领抓应用、网络研修抓应用、辐射联动抓应用格局。

落实义务教育学生营养改善计划专项补助资金 3371.46 万元，家庭经济困难寄宿生生活补助专项资金 4981 万元，学校公用经费专项资金 9233 万元。落实中职生减免学费资金和国家助学金 581 万元。共为 4906 人（次）家庭经济困难学生落实资助金 451.2 万元。为 13201 人（次）高校家庭经济困难学生发放生源地信用助学贷款 6964.52 万元。

2.2.5　酒泉市民族教育发展现状①

甘肃省酒泉市有肃北蒙古族自治县（以下简称肃北县）、阿克塞哈萨克族自治县（以下简称阿克塞县）两个少数民族自治县。近年来，酒泉市认真贯彻落实党的教育方针和民族政策，大力开展民族团结进步创建活动，优先制定落实民族地区教育事业发展的优惠政策，为民族地区教育事业的健康发展奠定了坚实的基础。

按照"帮助谋划项目，积极提供信息和政策服务，规划优先考虑、项目优先安排、问题优先解决"（简称"一谋划、两提供、三优先"）的原则，大力支持民族地区教育事业发展。近年来，通过各种渠道共争取和解决民族教育资金 8000 多万元，用于民族县、乡中小学危房改造、基础设施建设、校园环境改善和教学设施配备。特别是肃北县中学实验楼、肃北县石包城乡幼儿园、阿克塞县中学教学

---

① 高建仁. 关于酒泉市民族教育问题的调研与反思[DB/OL]. [2010-02-01]. http://blog.sina.com.cn/s/blog_ 6429fb760100nme5.html.

楼改造和标准化田径场建设等工程投入使用，民族学校的办学条件有了显著改善。

肃北县和阿克塞县普通高中从 2007 年起实行异地办学，所有高中学生全部在甘肃省酒泉中学、敦煌中学就读。甘肃省酒泉中学每年在肃北县、阿克塞县两个自治县各定向招生 15 名民族学生，在 7 个民族乡各定向招生 3 名民族学生。积极协调争取西北师范大学附属中学、兰州第一中学等省内重点院校每年定向招录肃北县和阿克塞县优秀学生入校就读。对民族县、乡初中毕业生报考市内中等职业学校敞开录取，并争取市财政每年安排专项经费 20 万元，作为就读高中和大中专学校的民族困难学生生活补助。

以义务教育均衡发展验收为契机，将肃州区黄泥堡，玉门市小金湾、独山子和瓜州县七墩、腰站子、广至、沙河等少数民族移民乡教育均衡发展工作列为全市"均衡"验收工作的重点，提升自治县、民族乡中小学校舍、师资、仪器设备、图书资料等方面的标准化水平。坚持实行移民乡镇义务教育学生入学、控辍双线承包责任制，确保少数民族移民乡均衡发展，各项指标达到国家标准。目前，两个民族县均实现了从幼儿园到高中阶段的 15 年免费教育，学校设施完备，教育教学技术装备配套达标，中小学生均占有教育资源在全市居于前列。高中异地办学成效显著，高考成绩逐年提升，两县高考录取率近三年均保持在 90%以上，与异地办学前相比均有大幅度提高。截至 2015 年，两县均通过了国家义务教育均衡发展评估认定。

针对民族学校师资队伍现状，采取切实有效措施，加大了教师培训培养力度。一是在"国培计划""省培计划"等高端培训项目名额分配上，主动向民族县、移民乡镇倾斜。2014 年以来，肃北县、阿克塞县分别有 82 名和 96 名教师参加了省级以上培训。二是坚持开展"送教下乡"活动。近年来，每年从市直学校选派 2～4 名优秀教师到肃北县、阿克塞县进行为期一年的支教工作。从市直学校和县（市、区）城区学校选派 14 名骨干教师到肃州区、瓜州县、玉门市的 7 个移民乡镇开展为期一年的支教工作。根据实际情况安排同等数量的民族县、乡中小学教师和管理人员到市内优质学校实岗学习。每年从市县教研部门、市直学校选派优秀教师、教研员前往民族县、乡进行教学示范和教育教学研讨活动，帮助民族学校提高课堂教学水平和学校管理水平。三是进一步加强协调，补充招录优秀高校毕业生到民族县、乡任教。近三年来，肃北县、阿克塞县及各民族乡招录补充 100 多名中小学、幼儿园教师，有效调整了教师队伍年龄、学科结构。

　　肃北县不断深化民族教育教学改革，加大民族教育投入力度，从基础设施、师资建设、教学理念、教学内容上初步建成了完整的民族教育体系，民族教育步入了健康、快速发展的轨道。

　　肃北县投入 2256 万元修建的蒙古族学校综合教学楼及蒙古族传统文化实训楼项目，总建筑面积 9994 平方米，目前已完成项目工程建设，并投入使用。

　　肃北县从 2010 年开始，将免费教育扩大至学前教育，实现了惠及学前教育、义务教育、高中教育、职业教育的 15 年全免费教育。提高异地高中生资助标准；提高义务教育阶段寄宿学生（含蒙古族学校高中寄宿生）生活补助，对享受营养改善计划的学生每生每天补助 1.5 元早餐费。

　　将肃北县蒙古族中学和肃北县蒙古族小学合并成立肃北县蒙古族学校，成为甘肃省唯一一所十二年一贯制的以蒙古语授课为主，"蒙古、汉、英"三语加信息技术教育的全日制民族寄宿制学校，学校分设中学部和小学部（含学前班），共14 个教学班，学校教职工 79 人，专任教师 72 人，蒙古语授课教师 57 名，双语教学模式的汉族在校授课教师 11 人，专任教师学历达标率 100%，在校学生 271人。在开设好基础课程的同时，加强艺术教育，开办舞蹈、马头琴、绘画、祝赞词、骨雕、摔跤等课外兴趣小组，初步建成了蒙古传统游戏室、蒙古舞蹈、射箭、摔跤、电子技能室、蒙文书法室、马头琴室等 7 个特色功能室。编写了以本地方和本民族历史文化为内容的《可爱的肃北》试用乡土教材一书，让学生学习了解自己的文化，并为学生的特长发展搭建了良好的平台，为传承、发扬民族传统文化开辟了新天地。

2.2.6　肃南裕固族自治县教育发展现状①

　　近年来，甘肃省肃南裕固族自治县（以下简称肃南县）始终把民族教育放在优先发展的战略地位，坚持做到教育发展优先规划、教育投入优先安排、教育人才优先引进、教育待遇优先落实、教育问题优先解决，将民族教育事业发展纳入全县经济社会发展总体规划统筹推进。先后制定出台《关于进一步提高教育质量加快教育发展的意见》《乡村教师支持计划（2015—2020 年）实施意见》

---

　　① 甘肃省民族事务委员会. 肃南县奋力推进民族教育事业长足发展 [EB/OL]. [2017-04-14]. http://www.gsmw.gov.cn/htm/20176/121_17840.htm.

《肃南县贯彻落实甘肃省加快发展民族教育专项规划(2016—2020年)的实施意见》，通过自上而下的政策措施推动，形成了民族教育改革发展的长效机制和良好氛围。

"十二五"期间，积极争取中西部地区初中校舍改造、农村校舍改造长效机制、薄弱学校食堂建设和扶持人口较少民族寄宿制学校建设等项目资金1.56亿元，化解"普九"债务1328万元。新建和改建教学楼、公寓楼、青少年活动中心等35幢，新增校园建筑面积4万多平方米。筹资3500多万元，配备标准化图书室，购置中小学音乐、美术、体育器材和卫生设施，新建6个标准化运动场和理化生仪器室、实验室，开展校园环境绿化、美化、净化和校园文化建设。2016年争取到位资金1625万元，重点开工建设康乐明德学校标准化塑胶运动场、祁丰学校食堂，改扩建祁丰幼儿园、铧尖幼儿园、泱翔幼儿园，新增校舍面积3500平方米。投资700万元、建筑面积3500平方米的红湾小学教学楼，投资105万元、建筑面积525平方米的铧尖明德小学教师周转宿舍已完成建设并交付使用。

出台了《关于加强教师队伍建设的实施意见》，每年划拨100万元专项资金用于发放班主任津贴，骨干教师、名校（园）长奖励，教育科研奖励和提高乡镇基层教师浮动工资；依托"国培计划""省培计划""市培计划"，创新形式、丰富内容，拓展教师培训途径，把培训作为教师最大的福利持续推进。根据《肃南县2016年中小学教师培训计划》，启动5个层次450人（次）20个教师培训项目，完成底部攻坚培训计划的"金钥匙"导师团送培送教、初中和幼儿园教师省级"影子"培训等项目；完成素质提升培训计划的"互联网+教育"集体培训、北京师范大学骨干教师培训等项目；完成岗位练兵培训计划的省级心理健康教育培训、甘肃省督学能力提升培训、全国中学骨干教师高级研修培训等培训项目，全年共组织教师参加省级以上培训14批81人（次）。

不断完善"以县为主"的管理体制，结合行政区划调整、小集镇建设和牧民集中定居工程，实施"高中向县城集中，初中向乡镇集中，小学幼儿园向乡村集中，建设九年制标准化寄宿学校"的布局调整规划，以标准化学校建设为抓手，不断推进城乡义务教育均衡、协调、一体化进程。学校（园）数调整为22所，教育资源得到了优化配置，中小学布局结构更趋合理，教学质量和管理水平明显提高。小学毕业会考"三科"优良率为80%；初中中考达标率为90.1%；普通高考总录取率达95%，教学质量稳中有升。进一步规范骨干教师培养、使用和管理工作，开展省市县骨干教师考核和县级骨干教师认定工作，充分发挥其传帮带作用；

认真落实《张掖市教育局关于开展对口支援肃南县民族教育工作的通知》,与对口支援学校举办示范教学、专题论坛、同课异构、教研沙龙等教学活动"影子"培训,不断提高中小学校办学水平和办学效益。

严格实施"三免两补"免费教育政策,落实新的国家助学贷款政策和城乡义务教育经费保障机制政策,拨付教师培训经费 65 万元,占教师全年工资总额的1.5%。落实教育督导经费 3 万元,高中新课程改革经费 3 万元。坚持实行免费教育的"三免两补"政策,共投入"三免两补"资金 2400 多万元,实行了从幼儿园到高中 15 年免费教育,推行营养改善计划的项目学校全部实行了学校食堂供餐模式;重新修订出台了《肃南县贫困家庭大学生研究生救助办法》和《肃南县考入重点本科院校大学生研究生奖励办法》,及时为考入大学的学生发放生源地助学贷款和奖励资金,确保不让一个学生因家庭经济困难而辍学;全面实施农牧村义务教育阶段营养改善计划,11 所项目学校全部采取学校食堂供餐模式;积极争取将各学校"双语"教材列为国家免费教材行列,切实做好各类奖励救助政策的落实,实现教育公平,普惠教育民生。

2.3　国家加强农村和民族地区教师队伍建设的部署

关注农村教师特别是少数民族地区农村教师的生存现状,提高教师生活质量,对我国教育事业的发展具有深远的意义。党和国家历来高度重视农村教师队伍建设,已采取一系列的政策措施提高教师待遇、加强教师培训、探索教师补充机制、改善学校硬件设施建设,农村教师队伍的建设取得了丰硕的成果,教育质量有了显著提高;但受历史、地理等条件的限制,如广大农村地区自然条件不佳、交通不便利、基础设施欠账多,当前教师队伍仍具有优质资源配置不足、结构不尽合理、整体素质不高等突出问题,从根本上制约了农村教育持续健康发展。

为深入推进全面建成小康社会、全面深化改革、全面依法治国、全面从严治党"四个全面"战略布局,认真贯彻党中央、国务院关于加强教师队伍建设的部署和要求,采取切实措施加强老少边穷岛等边远贫困地区乡村教师队伍建设,明显缩小城乡师资水平差距,让每个乡村孩子都能接受公平、有质量的教育,国务院办公厅于 2015 年 6 月印发《乡村教师支持计划(2015—2020 年)》,指出"到 2020

年全面建成小康社会、基本实现教育现代化，薄弱环节和短板在乡村，在中西部老少边穷等边远贫困地区。发展乡村教育，教师是关键，要把乡村教师队伍建设摆在优先发展的战略地位"。

《乡村教师支持计划（2015—2020 年）》要求"全面提高乡村教师思想政治素质和师德水平；拓展乡村教师补充渠道；鼓励省级政府建立统筹规划、统一选拔的乡村教师补充机制，为乡村学校持续输送优秀高校毕业生；提高乡村教师生活待遇；统一城乡教职工编制标准；职称（职务）评聘向乡村学校倾斜；推动城镇优秀教师向乡村学校流动；全面提升乡村教师能力素质；建立乡村教师荣誉制度"。目标是到 2020 年，努力造就一支素质优良、甘于奉献、扎根乡村的教师队伍，为基本实现教育现代化提供强有力的师资保障。

主要措施[①]如下。

（1）全面提高乡村教师思想政治素质和师德水平。加强乡村教师队伍党建工作，充分发挥基层党组织的政治核心作用，关心教育乡村教师，适度加大发展党员力度；开展多种形式的师德教育，把教师职业理想、职业道德、法治教育、心理健康教育等融入职前培养、准入、职后培训和管理的全过程。落实教育、宣传、考核、监督与奖惩相结合的师德建设长效机制。

（2）拓展乡村教师补充渠道。鼓励省级政府建立统筹规划、统一选拔的乡村教师补充机制，为乡村学校持续输送大批优秀高校毕业生；扩大农村教师特岗计划实施规模，重点支持中西部老少边穷岛等贫困地区补充乡村教师，适时提高特岗教师工资性补助标准；鼓励地方政府和师范院校根据当地乡村教育实际需求加强本土化培养，采取多种方式定向培养"一专多能"的乡村教师。

（3）提高乡村教师生活待遇。全面落实集中连片特困地区乡村教师生活补助政策，依据学校艰苦边远程度实行差别化的补助标准，中央财政继续给予综合奖补；各地落实乡村教师工资待遇政策，依法为教师缴纳住房公积金和各项社会保险费。加快实施边远艰苦地区乡村学校教师周转宿舍建设，按规定将符合条件的乡村教师住房纳入当地住房保障范围，统筹予以解决。

（4）统一城乡教职工编制标准。乡村中小学教职工编制按照城市标准统一核

---

① 国务院办公厅. 关于印发乡村教师支持计划（2015—2020 年）的通知[EB/OL]. [2015-06-08]. http://www.gov.cn/zhengce/content/2015-06/08/content_9833.htm.

定，其中村小学、教学点编制按照生师比和班师比相结合的方式核定；县级教育部门在核定的编制总额内，按照班额、生源等情况统筹分配各校教职工编制，并报同级机构编制部门和财政部门备案；通过调剂编制、加强人员配备等方式进一步向人口稀少的教学点、村小学倾斜。

（5）职称（职务）评聘向乡村学校倾斜。完善乡村教师职称（职务）评聘条件和程序办法，实现县域内城乡教师岗位结构比例总体平衡，切实向乡村教师倾斜；乡村教师评聘职称（职务）时坚持育人为本、德育为先，注重师德素养，注重教育教学工作业绩，注重教育教学方法，注重教育教学一线实践经历。

（6）推动城镇优秀教师向乡村学校流动。采取定期交流、跨校竞聘、学区一体化管理、学校联盟、对口支援、乡镇中心学校教师走教等多种途径和方式，引导优秀校长和骨干教师向乡村学校流动；重点推动县城学校教师到乡村学校交流轮岗，乡镇范围内重点推动中心学校教师到村小学、教学点交流轮岗。

（7）全面提升乡村教师能力素质。到 2020 年，对全体乡村教师、校长进行360 学时的培训；全面提升乡村教师信息技术应用能力，积极利用远程教学、数字化课程等信息技术手段，破解乡村优质教学资源不足的难题，同时建立支持学校、教师使用相关设备的激励机制并提供必要的保障经费；加强乡村学校音体美等师资紧缺学科教师和民族地区双语教师培训；鼓励乡村教师在职学习深造，提高学历层次。

（8）建立乡村教师荣誉制度。国家对在乡村学校从教 30 年以上的教师按照有关规定颁发荣誉证书。省（自治区、直辖市）、市（区、县、旗）分别对在乡村学校从教 20 年以上、10 年以上的教师给予鼓励；可按照国家有关规定对在乡村学校长期从教的教师予以表彰。鼓励和引导社会力量建立专项基金，对长期在乡村学校任教的优秀教师给予物质奖励；在评选表彰教育系统先进集体和先进个人等方面要向乡村教师倾斜。

《国家中长期教育改革和发展规划纲要（2010—2020 年）》指出："提高教师地位，维护教师权益，改善教师待遇，使教师成为受人尊重的职业。严格教师资质，提升教师素质，努力造就一支师德高尚、业务精湛、结构合理、充满活力的高素质专业化教师队伍。"《国家中长期教育改革和发展规划纲要（2010—2020年）》强调以农村教师为重点，提高教师队伍整体素质，充分显示出党中央对农村教育以及教师发展的高度重视①。

2018 年 2 月，中共中央、国务院印发了《关于实施乡村振兴战略的意见》，强调要"统筹配置城乡师资，并向乡村倾斜，建好建强乡村教师队伍"②。

2.4　甘肃省加强民族地区教师队伍建设的政策措施③

加快推进少数民族和民族地区教育发展，事关国家长治久安和中华民族繁荣昌盛。甘肃省委、省政府历来高度重视民族教育事业，各级党委、政府始终把民族教育摆在经济社会发展的优先地位，作为促进地方经济社会发展的头等大事来抓，民族教育发展成效显著。

近年来，甘肃省先后召开甘肃省民族工作会议、甘肃省藏区工作会议，相继制定出台了《甘肃省中长期教育改革和发展规划纲要（2010—2020 年）》《甘肃省教育厅支持甘南藏族自治州教育跨越发展行动计划（2013—2020 年）》《甘肃省教育厅支持临夏回族自治州教育跨越发展行动计划（2013—2020 年）》《关于进一步推进甘肃省藏区跨越式发展和长治久安的实施意见》等重要文件，为民族地区教育发展提供政策保障，明确提出 2020 年民族地区各级各类教育总体水平和少数民族受教育程度基本达到甘肃省平均水平。

教师是教育事业的第一资源，在"十二五"期间，甘肃省着力加强教师队伍建设，创新教师补充机制，加大教师培训力度，提高教师地位和待遇。

通过定向招生，开展对等培养，举办民族班、预科班、民族地区专升本师资班等形式，以及落实"特岗计划""三支一扶"、教师招考和引进研究生与免费师范生等政策，为民族地区不断补充师资。同时，持续开展大学生藏区顶岗支教，每年选派 300 余名大学生赴藏区农牧村幼儿园实习支教。

在教师培训方面，通过对等协作培养计划、"国培计划"、民生实事项目实施以及送教下乡等办法，采取集中培训、置换培训、轮岗培训、远程培训和新教师

---

① 国家中长期教育改革和发展规划纲要工作小组办公室. 国家中长期教育改革和发展规划纲要（2010—2020 年）[DB/OL].（2010-07-29）[2018-02-26]. http://old.moe.gov.cn/publicfiles/business/htmlfiles/moe/info_list/201407/xxgk_171904.html.

② 中共中央、国务院. 关于实施乡村振兴战略的意见[DB/OL].（2018-01-02）[2018-02-26]. http://www.gov.cn/zhengce/2018-02/04/content_5263807.htm.

③ 孟刚. 十二五：甘肃省民族教育实现长足发展[J]. 甘肃教育, 2016 (9): 8-9.

岗前培训等形式，不断加大教师队伍的培养和培训力度，民族地区教师综合素质有了很大的提高。

　　2015 年，甘肃省出台了《甘肃省〈乡村教师支持计划（2015—2020 年）〉实施办法》，从多个方面支持乡村教师队伍建设，促进乡村教育发展，并出台实施《甘肃省精准扶贫乡村教师队伍专项支持计划（2015－2020 年）》，优先重点支持民族地区教育发展。

第 3 章 "互联网+"视域下非正式学习概述

3.1 核心概念界定

3.1.1 互联网及"互联网+"

1. 互联网

互联网（Internet），音译为因特网，始于 1969 年美国的阿帕网（ARPAnet），是网络与网络之间所连接成的庞大的网络，这些网络以一组通用的协议相连，形成逻辑上的单一巨大的国际网络。这种将计算机网络连接在一起的方法可称为网络互联，在这基础上发展出覆盖全世界的全球性互联网络即互联网。互联网并不等同于万维网（world wide web，WWW），万维网只是一个基于超文本相互链接而成的全球性系统，且是互联网所能提供的众多服务之一。

2. "互联网+"

国内"互联网+"理念的提出，最早可以追溯到 2012 年 11 月易观国际董事长兼首席执行官于扬在易观第五届移动互联网博览会的发言。于扬首次提出"互联网+"理念。他认为"在未来，'互联网+'公式应该是我们所在的行业的产品和服务，在与我们未来看到的多屏全网跨平台用户场景结合之后产生的这样一种化学公式。我们可以按照这样一个思路找到若干这样的想法。而怎么找到你所在行业的'互联网+'，则是企业需要思考的问题"[①]。

中国工程院院士、中国互联网协会理事长邬贺铨认为，"互联网+"是互联网功能增强和应用的拓展，是互联网化的新阶段[②]。李彦宏认为"互联网+"意味着互联网和其他传统产业相结合的模式[③]。不是"+互联网"的"互联网+"，它代表了一种新经济形态，即充分发挥互联网在社会生产要素配置中的优化和集成作用，

---

① 于扬. 所有传统和服务应该被互联网改变[EB/OL]. [2012-11-14]. http://tech.qq.com/a/2012/1/4/000080.htm.
② 邬贺铨. 从互联网到"互联网+" [N]. 人民政协报, 2015-4-09(3).
③ 李彦宏. 让线上生意线下体验无缝对接[N]. 人民日报, 2015-4-30(14).

将互联网创新成果深度融合于社会经济各领域之中，提升实体经济的创新力和生产力，形成以互联网为基础设施和实现工具的经济发展新形态。

虽然"互联网+"是"互联网+各个传统行业"，但它并非是两者的简单相加，而是利用信息通信技术以及互联网平台，让互联网与传统行业进行深度融合，创造新的发展生态。它代表一种新的社会形态，即充分发挥互联网在社会资源配置中的优化和集成作用，将互联网的创新成果深度融合于经济、社会各领域之中，提升全社会的创新力和生产力，形成更广泛的以互联网为基础设施和实现工具的经济发展新形态。

"互联网+"促进了一系列神奇的"化学反应"[1]。正如电的发明在第二次工业革命中让很多行业发生翻天覆地的变化，互联网以及"互联网+"也会给各个行业带来深刻的颠覆性的变化。可以预计，"互联网+"将促使传统产业更进一步被互联网渗透和改造。

3.1.2 学习

学习，是始终伴随着人类发展的一条主线索。在我国古代，学与习总是分开讲的。最早把学与习联系起来，并深入探讨其关系的是孔子，孔子主张"有教无类"，他的"诲人不倦""有教无类"的精神，是我国教育史上宝贵的传统。

《现代汉语词典》中将学习解释为"从阅读、听讲、研究中获得知识或技能"[2]。《教师百科辞典》认为"学习的概念有广义狭义之分，广义的学习是指人和动物在生活过程中获得个体行为经验的过程；狭义的学习主要指各级各类学校的学习，它是在教师的组织领导下，有目的、有组织地进行的，以掌握一定的、系统的科学知识和技能为主要任务。而人的学习则是社会生活实践中，以语言为中介、自觉、积极主动地掌握社会和个体的经验的过程"[3]。

在心理学研究领域，20 世纪上半叶，行为主义心理学家根据实验室中对动物学习行为的研究，提出"学习是反应的强化"，由于过于强调死记硬背而忽视有意义的学习，学习的这一隐喻遭到了格式塔心理学家的质疑，他们提出"学习是对理解的探索"，由于缺乏表述这一思想的清晰语言和支撑这一思想的相应技术，这

① 余建斌. "互联网+" 不只是做加法[N]. 人民日报, 2015-4-10(20).

② 中国社会科学院语言研究所词典编辑室.现代汉语词典[M]. 北京: 商务印书馆, 1978: 13.

③ 陈孝彬, 张苏宏, 卫景福. 教师百科辞典[M]. 北京: 社会科学文献出版社, 1987: 109.

一观点当时并没有得到广泛的认可。随着计算机技术的迅猛发展，认知心理学家将计算机作为类比物，提出了有关学习的新的隐喻——学习是知识的获得[①]。

3.1.3　正式学习

余胜泉和毛芳认为，正式学习主要是指在学校的学历教育和参加工作后的继续教育岗位学习、文件学习、听报告讲座、参加培训等这种以单项为主的学习，有的可以取得相应的结业证书[②]。

Colard 和 Jnavold 认为，正式学习是指学习发生在一个组织化和结构化的情景中（正规教育、公司内培训），它被设计为学习，它可能导致一个正式的认证（文凭、证书），正式学习从学习者的角度来说是有打算和有计划的形式。

Cross 认为，正式学习主要是指通过学校组织、课堂授课等形式实现的学习形态，它通常是有计划性的，有明确的目标和课程知识体系，并依托规范化的学习材料实现。学习者通过特定的考核方式获得学习评价并取得成绩、学位或证书等[③]。

Marsick 和 Watkins 认为正规学习以学校、教室为空间，是一种组织严密、制度严格的培养人的活动。

朱琳认为，正式学习指在规定的时间和地点，由教师根据事先确定的学习内容，可有教材和讲义，通过培训班、讲座等为学习对象解惑答疑[④]。

从上述针对正式学习的定义可以看出，正式学习一般是在特点的时间和地点，以正规的教学形式展开的教学活动，具有明确的教学目标和学习目标，以获得某种认可为目的的一种学习。

3.1.4　非正式学习

目前国内外关于非正式学习的定义还没有统一的说法，大部分学者是通过与正式学习的对比来对其进行界定和描述的。

---

① 约翰·D·布兰思福特. 人是如何学习的——大脑、心理、经验及学校[M]. 程可拉, 译. 上海: 华东师范大学出版社, 2002: 8.

② 余胜泉, 毛芳. 非正式学习——E-learning 研究与实践的新领域[J]. 电化教育研究, 2005 (10): 18-23.

③ Cross J. Informal learning:Rediscovering the nature path ways that inspire innovation and reformance [DB/OL]. [2008-09-05]. http://www.informal.com/nature_learning.pdf.

④ 朱琳. 学习化社区的构建策略及政策措施[J]. 教育发展研究, 2001, 10: 44-46.

"非正式学习"一词最早是 1950 年 Knowles 在他的非正式成人教育研究中提出的。

Bischoff 认为所谓"非正式学习"是相对正规学校教育或继续教育而言的，指在工作、生活、社交等非正式学习时间和地点接受新知的学习形式，主要指做中学、玩中学、游中学，如沙龙、读书、聚会、打球等。研究表明，非正式学习广泛地存在着，它满足了大部分学习需要——达到个体在工作中学习需要的 70% 左右。非正式学习与实践的需要密切相关，能使人获得很多能够立即应用到实践中的知识和技能。

Cross 指出，"非正式学习是人们用一种非正式的、不按时间表的、即席的方式做事的学习方式"。

Cedefog 界定了关于正式学习、非正规学习和非正式学习的概念。

非正式学习产生于每天的关于工作、家庭或休闲生活活动中，它经常作为一种经验学习，也可以在一定程度上作为偶发性学习，是无结构的。更典型的是，它不导致文凭，非正式学习在大多数情况下是有目的的，但在许多情况下，它也是无意识的（偶发的或随机的）[①]。

本书引用北京师范大学余胜泉和毛芳的定义[②]：正式学习主要是指在学校的学历教育和参加工作后的继续教育岗位学习、文件学习、听报告讲座、参加培训等这种以单项为主的学习，有的可以取得相应的结业证书；而非正式学习指在非正式学习时间和场所发生的，通过非教学性质的社会交往来传递和渗透知识，由学习者自我发起、自我调控、自我负责的学习，主要指做中学、玩中学、游中学，如沙龙、读书、聚会、打球等。

3.2　非正式学习的特点及价值

3.2.1　非正式学习的特点

非正式学习在生活中随时随处都能发生，当它融入人们的生活而自然地发生时是很有意义的。它具有如下基本特点。

---

① 李悦. Web 2.0 时代的非正式学习研究——一个新兴的社会学习型组织"益学会"的个案调查[D]. 上海：上海师范大学，2008：18.

② 余胜泉，毛芳. 非正式学习——E-learning 研究与实践的新领域[J]. 中国电化教育，2005 (10)：18-23.

（1）个性化的学习方式。非正式学习是学习者自我发起、自我调控、自我负责的一种学习方式，而且并非由教师或者其他外界组织进行学习。

（2）随机的学习场所。非正式学习一般发生在公共场所（包含虚拟环境），不需要专门的教室，它有可能发生在回家的路上，或者在浏览网页的时候，又或者在打游戏的时候。

（3）多样性的学习形式。非正式学习发生的随机性决定了形式多样性，这种学习方式可以是一段谈话、一条搜索信息、一个观点、一则使用帮助、一款游戏、一件突发事件等。

（4）多元化的知识来源。随机的学习场所及学习形式的多样性，共同决定了非正式学习的知识来源是多元化的。它可以来源于人、书籍、报纸、电视、网络等。大多数情况下它是通过非教学性质的社会交往来获取的。

（5）协作与共享。非正式学习强调协作，在学习者自我发展的同时，鼓励团队通过对话、反馈和问题解决等学习活动来提高团队的集体智慧与绩效。因此，非正式学习更加强调个体之间的协作性，强调交流共享[①]。

3.2.2　非正式学习的价值

非正式学习越来越受到重视，主要源于技术与教育相互作用过程中的两个重要发展趋势。从教育角度来看，学习途径多样化，学习过程终身化，知识更新能力与知识创新能力成为衡量教育成效的重要维度。从技术角度来看，促进支持用户共享与社会互联是网络应用的发展主流和未来方向。有线网络与无线网络、各种移动终端的进一步发展，更加有利于个体贡献与社会互联。正是现代技术与教育相互作用的背景和未来趋势，使得非正式学习的价值越来越明显。具体来讲，非正式学习的价值主要体现在以下三个方面。

（1）非正式学习是学习者不断完善自我，提高综合素质和创新能力的需要。在社会竞争日益激烈的当代，不断完善自己，提高综合素质和创新能力是每个学习者不懈追求的目标。学习者素质的综合提升以及自身个性的全面发展主要靠学习者的主动意识和积极努力，而不是外界的说教和灌输。在非正式学习中，学习

---

① 李悦. Web 2.0 时代的非正式学习研究——一个新兴的社会学习型组织"益学会"的个案调查[D]. 上海: 上海师范大学, 2008: 8-9.

者是学习的主体，是积极主动的探索者，用自己的头脑发现和思考问题，更利于他们个性和素质的全面发展与提高。此外，在非正式学习过程中，学习者所处的心理环境更加自由，所处的学习环境更加富于个性化，交往环境更加注重协作交流，问题环境更富有想象的空间，评价环境更加多元化。身处这样的环境和氛围，更有利于学习者充分激发其潜能，提高其创新能力。

（2）非正式学习可弥补正式学习的不足。正式学习偏重于课程的学习，它可以使学习者系统全面地掌握知识，尤其是对结构比较良好的技能领域较为有效。非正式学习则可以促使学习者在正式的学校生活之外，获得和领会到丰富、多样的信息与知识，从而拓展视野、提高素质。

因此，非正式学习的功用就是以灵活多样的学习形式促使学习者理想信仰、价值观念、行为规范和科学素养的形成，从而更好地弥补正式学习的不足。此外，随着 5G 时代的到来，有线网络与无线网络以及各种微型移动终端的进一步发展，使得学习方式更加多样化，学习场所更加广泛化。学习者将非正式学习和正式学习有效结合，可以摆脱时间和空间的限制，实现随时随地学习，创造无缝学习环境，实现泛在学习的理念。

（3）非正式学习是创建全民学习、终身学习的学习型社会的需要。学习是人类认识自然和社会、不断完善和发展自我的必由之路。无论一个人、一个团体，还是一个民族、一个社会，只有不断学习，才能获得新知，增长才干，跟上时代发展的步伐。形成全民学习、终身学习的学习型社会，促进人的全面发展，是时代的呼唤。无论人类自觉地，还是不自觉地这样做，他们总是终身不断地学习和训练自己,这种学习和训练主要通过周围环境与亲身经验影响和改变他们的行为、人生观与知识内容。

非正式学习正是以这样的方式影响着一个人的一生，进而影响着社会的发展。当前，人们只能通过传统的正规学校提供的"一次性"教育学习知识的局面已经不复存在，终身学习和学习型社会将成为时代发展的必然趋势。基于以上情况，加拿大著名成人教育专家布谢尔教授提出，建设学习型社会必须要走出对正规教育的迷恋，充分重视非正式教育、非正式学习的价值和作用①。

---

① 魏光丽, 杨燕. 走出对正规教育的迷恋——布谢尔教授对中国建设学习型社会的建言[J]. 教育发展研究, 2005, 7: 88-89.

3.3　正式学习与非正式学习的比较

3.3.1　正式学习和非正式学习等概念的探讨

在国外，正式学习（formal learning）、非正式学习（informal learning）、非正规学习（non-formal learning）等概念基本形影不离、如影随形地出现于各种研究中，就正式学习和非正式学习这一对概念而言，没有太多的分歧，但是就非正式学习和非正规学习而言，国内研究者译法不一，于是就出现了非正式学习和非正规学习混为一谈的现象。

事实上，Colard 和 Jnavold 根据学习动机提出了 non-formal learning 和 informal learning 的概念，本书将其分别译为非正规学习和非正式学习。

非正规学习是由嵌入在有计划的没有经过精细的学习设计的活动组成的，但是它具有重要的学习元素。非正规学习也是学习者有意图的学习行为。

非正式学习是指存在于和工作、家庭或者文化相关的日常生活活动中的学习。它常常是依靠经验性的学习，也可以理解为意外学习或者不经意的学习。它没有固定的学习目标，学习时间灵活掌握。典型的特征是它不会带来文凭和证书。

有研究者认为翻译成非正规学习可能引发人们对这类学习"不入流"的负面认识，主张采用非正式学习的译法。

总体上看，将 informal learning 译为非正式学习、将 non-formal learning 译为非正规学习是大多研究者的共识，逻辑上也是完全可行的。

3.3.2　基于二分法和三分法分类的比较

有研究者从分析非正式学习和非正规学习这两个广泛混用的概念间的异同入手，对学习进行了二分法分类，即正式学习和非正式学习；而三分法分类为正式学习、非正规学习、非正式学习。

国内有研究者从实际情况出发进行了具体的分析，赞同采用正式学习、非正规学习与非正式学习的译法，认为此三分法更贴近实践且较适合中国国情，倡导非正式学习与非正规学习都应获得重视。

也有学者从由学习者以自我独立的学习方式和透过人际网络间互动的学习方式两个维度，对非正式学习方式进行了分类。此类学术探讨极大地有益于全面、深刻地理解和研究非正式学习。但是，无论二分法还是三分法，学习就是一个系统，不应该进行过于细致的划分。

总体上看，国内外学者对于各种学习形式的看法是基于不同的观察视角和学术视野的，各有千秋，但目前并无完全统一的观点，对其各种观点要从独立思考的角度进行研判。

更多西方研究者主张采用二分法来分类，即非正式学习与正式学习。

当然，不同研究者下定义的角度不同，例如，格林菲尔德（Greenfield）、莱夫（Lave）与瑞斯内克（Resinck）所给出的定义就存在差异。他们所概括的正式学习与非正式学习的特征如表 3-1 所示。

表 3-1　正式学习与非正式学习的比较

研究者	正式学习	非正式学习
格林菲尔德和莱夫关于正式学习与非正式学习的 8 个理想特征分析	与日常生活情境隔离	蕴含于日常生活活动中
	由教师传授知识	学习者自己对获取知识和技能负责
	非个人的，教师不应当是学习者的亲属	学习者的亲属是合适的教师
	清晰的教学方法和课程	模糊的教学方法和课程
	变化与非连续性受到重视	保持连续性和传统
	通过口头交流来学习	通过观察和模仿来学习
	通过口头讲授来教学	通过演示来教学
	社会性动机较弱	由新手对成人生活的社会性贡献来激励
瑞斯内克比较正式学习与非正式学习的 4 个维度	个体认知	共同认知
	纯粹的心理过程	依赖操作工具
	符合的操作	情境性的思考
	普适性的技能与知识	具体的能力

格林菲尔德和莱夫认为正式学习的特征是与日常生活分离，受到结构性教学和课程的制约；而非正式学习则蕴含于日常生活之中，与结构性教学距离较远。

瑞斯内克则从 4 个维度对正式学习和非正式学习进行了对照，认为非正式学习的以下特征更为明显：

（1）在社会性组织和合作性活动中促进年轻人的学习；

（2）依靠工具去形塑学习活动；

（3）包容于情境之中，把人造工具的使用与某一特定的实践活动结合起来；

（4）发展的是具体能力。

瑞斯内克的概括具有独特的价值，但是他把研究范围从普遍性的"教育"缩小到更具体的"学习"，这意味着把研究对象从社会性、历史性的机构转移到了学习者的心理过程，从而使研究变成了一个纯粹的认识论问题，这是值得商榷的。

两种表述都指出了非正式学习的一些共同特征，如情境性、模糊性、社会性、非组织性等，其最重要的共同点是把学习的地点或场所作为区别正式学习和非正式学习的基点。然而，地点因素仅仅是非正式学习的因素之一，过分强调它可能会造成对非正式学习本质的曲解。

余胜泉和毛芳在《非正式学习——E-learning 研究与实践的新领域》中对正式学习和非正式学习进行了比较[①]，见表 3-2。

表 3-2　正式学习与非正式学习的比较

指标	正式学习	非正式学习
时间	时间局限	时间弹性
场所	教室、讲堂	任何地方
主导	教师、评价、奖罚	学习者
过程	系统、有组织	自然发生，融于工作、生活
主体	个人为主	社会性

3.3.3　正式学习与非正式学习的关联和差别

1）学习时间

正式学习必须要有明确的学习时间。传统教育中的课程表、培训时间表等，这些都是对时间要素的强调。而非正式学习对时间并没有明确的要求。学习行为可以发生在任何时间，它取决于学习者内在的需求。

2）学习地点

正式学习必须要有一个明确的学习地点，如某个教室。传统中的正式学习几乎都在特定的教室中发生。而非正式学习则不强调学习地点，以学习者的不同情

---

① 余胜泉, 毛芳. 非正式学习——E-learning 研究与实践的新领域[J]. 中国电化教育, 2005(10): 18-23.

况，学习行为可以发生在任何地点，甚至在移动中学习，如坐在公交车或列车上进行的学习。

3）学习动机

对于正式学习而言，学习行为的动机来源于外部。传统学校中的课程设置、培训项目的开发等，都不是满足学习者个体的需要，而是有计划、有组织的集体行为。对于非正式学习而言，学习行为的动机完全来自于自我内部，首先是自己的需要，然后才触发了学习行为的发生。

4）学习目标

正式学习有着统一、明确、固定的学习目标。学校中的课程、正式的培训课程等都有明确的学习目标。非正式学习中并没有严格、统一的学习目标，学习者的学习目标往往都是动态、随机出现的。

5）学习周期

正式学习通常都有一个较长的学习周期。学校中每门课程都有一定的课时要求。而非正式学习中并没有学期的概念，学习者的问题解决了就标志学习已经结束，学习往往是瞬时的行为。

6）关注重点

正式学习关注的重点既包括学习的结果也包括学习的过程，教学组织者在学习过程中运用多种教学设计手段，实施如分组学习、组织在线讨论等教学活动，管理者也十分重视形成性评价。而非正式学习常常是基于问题的学习，通常只注重结果，至于采取的方式以及过程并不是最重要的，其设计应力求简洁、快速、方便，简化获取知识的过程，易于学习者使用。

7）师资因素

对于正式学习而言，教师通常是不可缺少的要素。无论学校的课堂中，还是培训机构的教室中，没有教师是很难想象的。对于非正式学习而言，教师并非是不可或缺的资源。

8）知识传递

正式学习强调信息或知识的传递是从人到人的传递。它的本质是人们通过媒介将知识传递给学习者，知识由人到人是正式学习的特点。非正式学习注重的是结果，知识传递的过程并不是重点，网络环境下的非正式学习，强调的是人与计算机网络之间的互动（人机交互），知识由机器到人的传递是它的特点，以自主学习网络课件为主的网络学习都属于这种情况[①]。

3.4　"互联网+"视域下非正式学习的环境

3.4.1　个人学习环境

个人学习环境所体现的个性化、社会化、开放、共享、参与、创造等精神与Web X.0 时代所体现的精神不谋而合，个人学习环境使自治在学习中成为可能。学习者可以通过撰写博客练习写作能力、进行知识管理及情感抒发，通过简易信息聚合（really simple syndication，RSS）订阅他人博客、论坛等各种信息来进行自主学习，还可以通过网络书签、社会化批注等手段来深化学习。构建个人学习环境可以从任何地方入手，最简单的可以利用博客结合其他工具来构建自己的学习环境，在博客里面可以设置书签、RSS 阅读、链接、留言，可以加入社区，可以共享资源与交流学习，用博客记录日常的所见、所感、所思，并且可以对记录的内容反复回顾和品味，从而最终完成对知识意义的构建。

3.4.2　虚拟学习社区

Web X.0 为虚拟学习社区的形成提供了便利的条件。在虚拟学习社区中使用 Tag 有助于学习者建立自己的知识分类和编目准则，使用 AJAX 技术可以为学习者在虚拟学习社区中搭建一个桌面式的个人平台。

Wiki 是一种超文本系统，主要是通过提供共同创作环境的网站来支持面向社群的协作式写作，同时包括一组支持这种写作的辅助工具。将 Wiki 应用于虚拟学习社区，最方便社区的学习者进行某一学习主题的协作创作，其简单的文本编辑操作方式,使得学习者在线发表自己的文章和编辑他人的文章都变得非常容易。

在虚拟学习社区中，只要经过社区管理者一定的组织，Wiki 完全可以成为社区学习者共同文档、知识库、书籍等的写作平台。

① 李悦. Web 2.0 时代的非正式学习研究——一个新兴的社会学习型组织"益学会"的个案调查[D]. 上海: 上海师范大学, 2008: 9-10.

社会性网络服务(social networking services,SNS)网站依据六度分割理论建立,以认识朋友的朋友为基础,扩展自己的人脉。在需要的时候,可以随时获取一点,得到该人脉的帮助。同时 SNS 软件运行模式的加入,可以使社区的学习者有更多学习之外的交流与互动,学习者之间多元的交流可以使学习者的关系更加紧密,也加强了学习者的社区认同感①。

3.4.3 MOOC 学习平台

大规模开放在线课程(MOOC)于 2012 年兴起于美国高校,其秉持"接受高等教育是人的基本权利"的理念,陆续建立网络学习平台,向全球学习者提供免费的、可自由选择的在线课程,致力于用信息技术推动全球开放的高等教育发展。美国国家传播协会主席罗伯特·舒特认为:"MOOC 为全世界的学生提供了进入顶尖大学、接触顶尖学者的机会。"

维基百科上对 MOOC 的定义为"一种参与者分布在各地,而课程材料也分布于网络之中的课程",并且"这种课程是开放的,规模越大,它的运行效果会越好"。MOOC 支持学习者以多种形式参与学习,如通过 YouTube、博客、Twitter 及其他社会性软件进行学习。

MOOC 的三大平台为 Udacity、Coursera 和 edX,国内的 MOOC 平台近年来迅速发展起来,目前较有影响力的有中国大学 MOOC、爱课程、学堂在线、网易云课堂等。

MOOC 通过基于主题或问题的讨论与交流将分散在世界各地的学习者和教师联系在一起。MOOC 不仅是学习内容和学习者的聚集,而且是一种通过共同的话题或某一领域的讨论将教师和学习者连接起来的方式,是非正式学习的理想环境。

3.5　非正式学习的典型场合

目前,非正式学习的研究在世界各国受到广泛的关注和重视,学者的研究也已经在多个方向展开,本节主要介绍 3 个与学校学习关联度较高方面的研究状况:

---

① 黄建军, 郭绍青. Web X.0 时代的媒体变化与非正式学习环境创建[J]. 中国电化教育, 2010(4): 15.

艺术类的非正式学习，文学、 科技类的非正式学习，在博物馆等机构的非正式学习。

3.5.1   艺术类的非正式学习

艺术类的非正式学习常常把青少年吸引到社区组织中来，参与这类学习活动能够促进青少年多方面的学习与技能的发展，包括口头与书面的语言能力、 对数学和科学概念的理解、在多元化的小组中进行合作及交流的能力等。Heath 的研究表明，参与艺术类的非正式学习能够促使青少年思考艺术在社会文化中所扮演的角色，追问在学校学习中不易察觉的问题，探索他们所生活的这个世界的意义，这有助于发展青少年的"批判精神"[①]。青少年在从事这些活动时需要表达、建构、自我管理，需要评价和批判，需要反思成人的文化并寻求替代的艺术方式等，这促进了他们的学术能力以及未来工作能力的发展。

3.5.2   文学、科技类的非正式学习

文学、科技类的非正式学习活动对提高学生的学业成绩具有明显的积极作用。同时，这些活动并不仅仅针对学业成绩，其目标是多方面的，例如，通过讲故事为青少年提供文学实践的机会，发展他们的自我表达能力等。Hahn 主持的一个由福特基金会（Ford foundation）资助的研究项目，该项目为参与者提供如下的帮助与指导: 家庭作业、文学与生活的技能、参观博物馆、参与社区服务的机会等。项目结束时，实验组中 63%的青少年获得了高中毕业证书，而控制组的相应比例是 42%，可见，文学、科技类的非正式学习对提高学生的成绩是有明显帮助的。Hahn 还认为， 项目为参与者提供了政治和文化的氛围。 这一点很重要，"当提供大量机会时，青少年抓住了这些机会，他们参与了项目的活动，而且时间足够长"[②]。

3.5.3   在博物馆等机构中的非正式学习

在博物馆等机构中的活动也是非正式学习的重要途径。 研究表明，参观画

---

① Heath S B. There's not a crowd: Plans , roles and focus in the arts[J]. Educational Research,2001,7:10-17.

② Hahn A. Extending the Time of Learning[M]// Besharov D J. America's Disconnected Youth: Toward a Preventive Strategy. Washington DC: Child Welfare League of America, 1999:233-265.

廊、科学博物馆、历史博物馆、科学中心、水族馆等能够对青少年的学习产生积极作用，虽然这些活动的教育目标不一样，但是这些活动的环境具有类似的特征，例如，提供多种多样的文字信息，包括标签、分类、背景信息、向导与参观者的互动等。Falk 和 Dierking 认为，这些非正式环境中的学习之所以有效，是由多方面因素造成的：参观者个人和集体的原有经验、他们的兴趣和动机、社会以及主体间的互动、馆所自身的物理特征、参观的频率以及其他的一些因素。因此，这类学习活动是个体性的、情境性的、成长性的[①]。

3.6 "互联网+"对非正式学习的作用

在信息时代，人类的学习方式与技术的发展休戚相关。在"互联网+"时代，这种联系更为突出，具体而言，对非正式学习带来的影响主要体现在以下方面。

1. "互联网+"为非正式学习提供了更为丰富的资源

基于传统的学习的过程中，通常只能从书本获得文字+图片信息为主的学习内容。在"互联网+"时代，相关技术的使用使得获取信息的形式发生了很大的改变，音频和视频信息得到广泛的传播与应用，并与传统的文字信息相结合产生了丰富多彩的多媒体学习资源。在非正式学习中，"互联网+"环境为学习者提供新的获取网络知识的方式和途径，学习者根据需要定制信息和标识分类信息，有利于学习者快速找到和自己兴趣相近的信息与学习者。不仅能为学习者提供更方便的信息，使学习者根据自身需要创造个人信息，而且能使学习者之间通过沟通与交流机制，自然产生学习共同体，"互联网+"环境中快速获取网络信息的方式，极大地提高了非正式学习者信息获取的速度和效益。

2. "互联网+"实现了学习者之间高效的协作交流和信息分享

在网络化社会的今天，沟通活动作为认识形成的中心是社会建构主义知识论的一个特征。学习者也需要将分布于互联网环境中的智能充分挖掘出来，才能使信息变得社会化。在非正式学习中，"互联网+"为学习者提供了多种多样的交流

---

① Falk J H, Dierking L D. Learning from Museums:Visitor Experience and the Making of Meaning[M]. Walnut Greek: Altamira Press, 2000:98.

协作和信息分享方式。学习者可以通过分享好友的学习资源来扩大学习圈,实现更大范围内的资源共享和知识共享。

3.7　基于"互联网+"的教师非正式学习的要素

在"互联网+"时代,教师非正式学习的要素主要有学习者、基于网络的新媒体工具、网络学习资源。

3.7.1　学习者

学习者是非正式学习环境中的主要构成要素之一,教师作为知识的传授者,此刻成为学习者,他们也是进行非正式学习的主体,可以说没有学习者也就不存在非正式学习。每一名学习者以互联网平台及各种新媒体终端作为媒介,在非正式学习环境就可以和处于学习环境中的其他成员进行沟通交流来获取或者创造学习资源,促进自身的素质提升和知识增长,并且实现随时随地地进行交流学习。学习者在学习过程中可以将具有共同学习兴趣的人员聚集在一起,组建学习共同体进行协作式学习。

3.7.2　基于网络的新媒体工具

在信息社会里,基于网络的非正式学习环境所具备的要求就是方便快捷地实现学习者之间的实时、异步的联系以及知识资源的实时性共享和交流,故需要实时性信息通信工具的支撑。以智能手机和计算机为代表的各种网络及移动终端,在非正式学习中具有重要优势,能实现学习者之间的实时性交流以及知识资源的动态更新,可以有效应用于非正式学习环境中支撑非正式学习的进行。此外,非正式学习还强调学习者之间的相互协作学习能力的发展,基于网络的新媒体工具能为学习者提供网络协作学习环境,学习者在网络社区的交流讨论中可有效收集、整合集体智慧,自动完成对知识有意义的建构,成为非正式学习过程中的主体和学习主动者。

3.7.3　网络学习资源

学习资源是进行学习必不可少的重要知识来源基础,网络学习资源就是网络环境中进行非正式学习的保障。利用网络手段开展非正式学习的环境最重要的就是将网络中多样繁杂的知识资源有效整合到非正式学习环境中,利于每位学习者的学习。微信作为一种知识管理工具,能让学习者在非正式学习过程中通过多渠道获取知识资源,还可以把非正式学习环境中的学习资源进行管理,而且有利于隐性知识与显性知识之间的相互转化,让每位学习者处于微信创造的这一非正式学习环境中可以有效快捷地获取知识资源,完善自己的知识结构,达到学习目的。

3.8 "互联网+"视域下教师非正式学习的特点及优势

3.8.1 教师非正式学习的特点

1)自主性

教师非正式学习是教师自我发起、自我调控、自我负责的学习,是教师终身学习策略的一部分。教师作为学习的主导和主体,以主人翁的身份投入学习,充分掌握学习的主动权,自我确定学习内容,自我制定学习目标和学习策略,整个学习过程不依赖他人的指导。

2)形式多样性

教师的非正式学习无处不在,无时不有。学习、工作以及生活中随时随处都有可能发生,因此它的形式是多种多样的,例如,和教师同事之间的谈话,在教研室内就某个教学问题和其他教师进行的探讨,通过各种网络媒体获取的有关教育及教学的信息,教师外出参加的短期培训班及学术交流活动等,都是教师非正式学习的具体形式。

3)情境性

非正式学习是脱离传统课堂学习限制的一种学习形式,它常常与日常生活情境联系在一起,与生活、工作直接相关,但同时,教师的非正式学习又是在一定情境下进行的,依赖于一定的学习情境,脱离了一定的情境,不利于教师的非正式学习。

4)协作性

相对于正式学习,教师非正式学习的自主性更强,但这并不意味着教师在学习过程中是孤立的，相反，它更强调教师作为一个学习者的协作性，强调学习者的交流共享，从信息共享到资源共享，共享文化是非正式学习的一大特征。

3.8.2　教师非正式学习的优势

1）弥补教师正式学习的不足

在社会竞争日益激烈的当代，不断完善自己，提高综合素质和创新能力是每个教师不懈追求的目标。教师素质的综合提升以及自身个性的全面发展主要靠其主动意识和积极努力，而不是外界的说教和灌输。

正式学习通常由专业教育机构发起，成系统、成规模，其教育成效显著，其教育成果或产出得到国家的承认，同时被国家机构所垄断。但正式学习也有其明显的不足，如复杂性和缺乏灵活性，导致其不能快速适应社会对知识需求的变化，而非正式学习正好可以弥补其不足，非正式学习的实施可以随时展开，可以灵活终止，不受专业设备的局限。信息化社会和网络的快速发展，个人智能移动终端的普及，使得人人都成为一个随时随地可以移动的学习终端。教师在教学中遇到问题，随时可以借助智能手机快速上网查询，及时对个人的知识盲点进行弥补。因此，教师的非正式学习通过多种形式对正式学习进行了补充。

正式学习偏重于课程的学习，它可以使学习者系统全面地掌握知识，尤其是对结构比较良好的技能领域较为有效。非正式学习则可以促使学习者在正式的学校生活之外，获得和领会到丰富、多样的信息和知识，从而拓展视野、提高素质。

因此，非正式学习的功用就是以灵活多样的学习形式促使学习者理想信仰、价值观念、行为规范和科学素养的形成，从而更好地弥补正式学习的不足。此外，随着 5G 时代的到来，有线网络与无线网络以及各种微型移动终端的进一步发展，使得学习方式更加多样化，学习场所更加广泛化。学习者将非正式学习和正式学习有效结合，可以摆脱时间和空间的限制，实现随时随地学习，创造无缝学习环境，实现泛在学习的理念。

2）有利于教师个性化的学习

现代社会，提倡多元的学习方式，提倡个性化的学习，教师的非正式学习可以随时随地、不受限制、灵活多变地为教师的业务学习提供各种信息资源。教师可以根据个人的学习喜好，选择最适合个人特点的学习方式、学习时间和学习地点，可以采用碎片化的学习形式、移动学习的模式等。非正式学习为教师的个人专业发展提供了最具个性化的发展形式。

3）促进教师的全面发展

非正式学习为教师的全面发展提供了最全面的平台。和传统正式学习相比，非正式学习的形式更加灵活多变，其情境性的学习环境和基于信息技术的人机交互模式，能更好地促进教师的全面发展。

在教师的非正式学习中，教师是学习的主体，是积极主动的探索者，用自己的头脑发现和思考问题，更利于他们个性和素质的全面发展与提高。此外，在非正式学习过程中，教师所处的心理环境更加自由，所处的学习环境更加富于个性化，交往环境更加注重协作交流，问题环境更富有想象的空间，评价环境更加多元化，身处这样的环境和氛围，更有利于教师充分激发其潜能，提高其创新教学的能力。

4）促进教师的终身发展

学习是人类认识自然和社会、不断完善和发展自我的必由之路，无论一个人、一个团体，还是一个民族、一个社会，只有不断学习，才能获得新知，增长才干，跟上时代发展的步伐。无论人类自觉地，还是不自觉地这样做，他们总是终身不断地学习和训练自己，这种学习和训练主要通过周围环境与亲身经验影响和改变他们的行为、人生观与知识内容，非正式学习正是以这样的方式影响着一个人的一生，进而影响着社会的发展。

当前，人们只能通过传统的正规学校提供的"一次性"教育学习知识的局面已经不复存在，终身学习和学习型社会将成为时代发展的必然趋势。基于以上情况，加拿大著名成人教育专家布谢尔教授提出，建设学习型社会必须要走出对正规教育的迷恋，充分重视非正式教育、非正式学习的价值和作用。

当今时代，终身教育的理念深入人心，结合快速发展的信息化的教育环境，能更好地促进教师的专业素质的提高。在信息化的时代，一个人如果不想被时代所淘汰，就必须时刻学习，必须关注本专业学科发展的最前沿的变化，及时学习并内化于个人的知识体系，非正式学习就是一种能全面促进人的健康发展和终身发展的新型学习方式，和正式学习相互补充，促进人的终身学习和发展。

3.9 "互联网+"视域下教师非正式学习的典型形式

"互联网+"视域下教师非正式学习的典型形式主要表现如下。

1）自我内省

在工作、生活和娱乐中，教师通过自我内省和自我感悟获取新知的过程，包括阅读（阅读书报、阅读文件和浏览网页等）、观察（观察他人、观察事物和观察环境等）、行动学习（反思、日记和模仿等）等自我感悟获取知识的活动。

2）协作学习

在工作、生活中，关系较为密切的教师之间的互动或相互影响，即协同工作和学习、交流（包括面对面和远程）、闲谈和同伴互助等。

3）实践团队

实践团队是指在教学活动中逐渐形成的教师非正式群体，群体中的教师有可能无意间走到一起、发展、形成或者解散。实践团队是一种不同于工作组和团队的实体，是非正式学习形式中最不正式的一种，其结构松散，只有很少规则甚至没有规则，也没有明确的形成和结束日期。它的形成多源于共同的兴趣、爱好、目标、技能等，形成的时机有可能是在餐桌上、饮水机旁、下班时间等所有方便的时候。

4）网络团体

网络团体是指通过网络进行经常性的、围绕某一主题交流的群体。网络团体中的成员可能是同学、同事、朋友、陌生人。网络团体可能是开放的，也可能是封闭的；可能与工作紧密相关，也可能与工作毫不相关。相对于其他团体，网络团体中的成员可以很容易地脱离该团体，这并不意味着网络团体是虚幻的。某种意义上说，它比实践团队显得更加真实，在网络的虚拟空间中，成员可以无所顾忌地真诚交流[①]。

---

① 李悦. Web 2.0 时代的非正式学习研究——一个新兴的社会学习型组织"益学会"个案调查[D]. 上海: 上海师范大学, 2008: 15-16.

第 4 章　国内外研究现状综述

早期对于成人非正式学习的研究主要来自国外，研究一直是比较零散和分散的，并没有形成一个清晰并得到广泛接受的研究主脉或得以承袭的研究传统。这一点首先便明显地反映在对非正式学习概念本身的定义上。从 20 世纪五六十年代开始，非正式学习的概念开始出现在成人教育著作中，而从 70 年代到 21 世纪初，不同的研究者对它的定义各执一词，也间接反映了其研究状况。

国外关于非正式学习的主流研究高度集中在美国、加拿大、英国和澳大利亚等国，主题集中表现在两个方面：工作场所的非正式学习与成人的非正式学习。

4.1　国外研究现状

4.1.1　国外非正式学习研究现状

1）早期的非正式学习理念

非正式学习是人类最初形态的学习形式，古已有之，一直客观存在，与正式学习、非正规学习一起共同构成了人类学习的完整形态。

学术界倾向于将非正式学习的研究追溯到美国著名哲学家、教育家约翰·杜威的教育思想与实践中，他认为"学习是通过个人的经验、终身学习以及反思进行的"。他深刻指出"学生学习的不只是正规课程，还学到了与正规课程不同的东西……有一种意见认为，一个人所学习的仅是他当时正在学习的特定的东西，这也许是所有教育学中最大的错误了"①。

应该说，约翰·杜威的教育思想里包含了非正式学习的思想，但"非正式学习"概念的提出应该归于联合国教科文组织。联合国教科文组织于 1947 年提出"非正式教育"（informal education）。自此，"非正式学习"这个概念在欧洲国家层面上开始受到越来越多的关注与相关学者的研究。

美国成人教育之父诺尔斯（Knowles）在 1950 年出版了《非正式的成人教

---

① 约翰·杜威. 我们怎样思维经验与教育[M]. 文闵, 译. 北京: 人民教育出版社, 1991: 271.

育：管理者、领导者和教师的指南》一书，该书被认为是第一次以非正式教育为名撰写的著作，诺尔斯提出了一系列学校教育所不能涵盖的成人的学习任务，也正式提出了"非正式学习"这个术语。

1965 年，加拿大学者塔夫（Tough）也开始在多伦多大学安大略教育研究院（Ontario Institute for Studies in Education，OISE）展开对成人非正式学习的研究[①]。

美国成人教育学专家马席克（Marsick）和沃特金斯（Watkins）引领着美国非正式学习研究的方向，掀起了非正式学习研究的热潮。概而言之，国外关于非正式学习的研究精彩纷呈，成果斐然，主要集中在以下几个方面：

（1）非正式学习基本的理论研究，包括非正式学习的价值研究、非正式学习与其相关概念的关系研究等；

（2）工作场所的非正式学习研究；

（3）成人非正式学习研究；

（4）教师非正式研究，主要是从教师工作场所的视角、教师专业发展的视角以及教师自我统整发展的视角进行的研究。

2）对非正式学习的不同定义

研究者对非正式学习提出了各自角度的定义，库姆斯（Coombs）和艾哈迈德（Ahmed）将教育等同于学习，提出了正式教育、非正规教育和非正式教育三个概念。拉贝尔（La Belle）就主张，不应当将学习分为三个划界清晰的、独立的类别，他认为，在任何一种形式的学习中都可以看到其他形式的可能性。伊劳特（Eraut）在 2000 年则只承认正式学习和正式学习之外的学习两类；英国利兹大学（University of Leeds）终身学习研究院（Lifelong Learning Institute）的康利（Colley）、霍德金森（Hodkinson）、马尔科姆（Malcom）等在为该大学的学习与技能研究中心（Learning and Skills Research Center）做的报告《学习中的非正式性与正式性》（*Informality and Formality in Learning*）中则认为学习不应当分为正式学习、非正规学习和非正式学习三个门类，这样的分类是对学习本质的误解，更准确的理解是将"正式性"和"非正式性"看作在所有学习中都存在的两种特性。而研究的目标应当是在具体的学习中辨识这两种特性、分析两者的关系，并明确它们对学

---

① 邢蕾. 成人非正式学习研究[D]. 上海: 华东师范大学, 2011: 6.

习者、教师和学习环境所产生的影响。

Marsick 和 Watkins 在《工作环境中的非正式学习和偶发性学习》(*Informal and Incidental Learning in Work Place*) 中将非正式学习的特点概括为经验性的、高度情景化的、结构松散的，主要由学习者控制的学习[①]；Schugurensky 在《非正式学习的形式：关于非正式学习领域的概念化》中提出非正式学习具有自我指导学习、偶发性学习和缄默学习（社会化）等形式[②]。

3）对成人非正式学习的实证研究

对成人非正式学习的实证研究主要集中在美国和加拿大等国，其代表性人物主要有加拿大多伦多大学利文斯通（Livingstone）和塔夫（Tough）。

利文斯通在《探索成人学习的冰山：加拿大第一次非正式学习实践的调查发现》(*Exploring the Icebergs of Adult Learning: Finding of the First Canadian Survey of Informal Learning Practice*) 发现："大多数的加拿大成年人在学习活动上花大量的、越来越多的时间所进行的大部分是他们自己的非正式学习。"其于 1999 年在"终身学习新方法研究组织"的年会中分析了教育和非正式学习、就业之间的壁垒与联系。他指出，70%的加拿大被访者说他们最重要的与工作相关的知识并不是来自工作培训课程，而是来自从别人那里学或者完全自学。他在文中将冰山作为成人学习的隐喻，预示着成人非正式学习深广的未知领域[③]。

塔夫指出，成人的非正式学习是一种非常普遍、自然的行为。他在《成人非正式学习的冰山》(*The Iceberg of Informal Adult Learning*) 中把冰山隐喻为成人学习，认为非正式学习正是那看不到的被隐藏起来的位于海洋表面下的主体部分。没有引起人们的注意，教育者也并没有去考虑它，没有人去谈论它，没有人意识到它的存在[④]。

继利文斯通 1999 年对加拿大成人非正式学习进行调查之后，又有研究者进行了第二次加拿大全国范围内的大幅度非正式学习现状调查。加拿大的中小学教师就他们正在进行的学习与学习相关的实践和态度接受了调查，753 名被访者描

---

① Marsick, Watkins. Informal and Incidental Learning in Work Place[M]. New York: Rotledge, 1990:34.

② Aicade D M. The role of informal learning on engineering students learning process.

③ Livingstone D W. Exploring the icebergs of adult learning: Finding of the first canadian survey of informal learning practice[J].The Canadian Journal for the Study of Adult Education,1999, 13(2): 49-72.

④ Tough A. The Iceberg of Informal Adult Learning.Paper Presented at the NALL Working Paper.2009.

述了他们过去在工作场所、家和社区所进行的任何形式的非正式学习经验以及任何形式的正式学习活动（课程、工作、会议）。超过了 85%的教师从事着非正式学习，教师每周平均花 4 小时在与工作相关的非正式学习上，花 10 小时在其他的非正式学习活动上（职业相关的、家务、社区志愿者工作以及别的兴趣），说非正式学习时间占据了教师总学习时间的半壁河山也一点不为过[①]。

　　在非正式学习研究领域具有重要影响的英国著名教育学专家、萨塞克斯大学（University of Sussex）伊劳特（Eraut）在《工作场所的非正式学习》（*Teachers Learning in the Workplace*）一文里也重点探讨了工作场所非正式学习的理论框架。他认为非正式学习包括经验学习、隐性学习、学习的转换和直觉练习。在工作环境内"参加小组活动""与他人一起工作""解决挑战性的任务""和客户一起工作"都将引起学习的发生。而"工作的挑战性与价值""信任与责任""反馈与支持"等学习因素和"工作的分配与结构""个人角色""展示和进步的期望""工作中人们的关系"等环境因素也会影响工作的环境[②]。

　　英国政府于 1997 年、2001 年、2002 年和 2005 年在全国范围内做了四次成人学习调查。2005 年的第四次调查发现，过去一年内，接受调查的人中达 52%的人参与了非正式学习。2008 年 1 月 15 日～6 月 12 日，英国政府以"成人非正式学习——决定我们前方的路"为题进行了一次大规模的网上咨询，目的是激发组织机构展开关于非正式学习的大讨论，了解各组织对成人非正式学习的意向和支持路径。面对超人口半数的成人非正式学习需求，英国政府创新、大学与技能部（Department for Innovation Universities and Skills）于 2009 年 3 月发布了《成人非正式学习白皮书：学习革命》，正式启动了全英国范围内的学习革命[③]。

　　虽然非正式学习的价值得到了学者的一致肯定，也基本形成了共识，但是辩证地看，如果完全没有正式学习，那么完全依靠非正式学习也是不行的，非正式学习是难以独自起效的。尤其是在更传统的、有着更多经济的或者政治限制的科层式组织或小型组织里，非正式学习将面临更多的挑战。此外，那些通过小道消息和谣言而不是官方渠道进行的、缺乏团队合作的非正式学习意识的非正式学习

---

① NALL Working Paper. Teacher Learning. Informal and Formal:Results of a Canadian Teacher's Federation Survey,2000.

② Marsick, Watkins. Informal and Incidental Learning in Work Place[M]. New York:Rotledge,1990:34.

③ 邢蕾. 成人非正式学习研究[D]. 上海: 华东师范大学, 2011: 53-54.

还可能破坏学习者的士气和降低效率。这些也应该引起研究者的重视，研究者应努力提出解决和克服的措施与方法。

4.1.2　国外对教师非正式学习的研究

有学者通过对职前教师在跨学科教学中非正式学习态度、信念、经验及优缺点的分析，认为职前教师在入职前会受到很多教学方面的规定，如如何写计划、如何教学，但是鲜有或者没有相应的该如何把非正式学习环境融入课程中的培训，批判了职前教育阶段只传授职前教师如何执行教案的知识的错误观念，认为这样只能让他们解决预设的问题，不能解决情境的问题，揭示了教师的非正式学习经验将有利于他们和未来学生的学习。而入职后，教师的早期专业发展对整个教师专业化和教师专业发展都至关重要，也有研究认为非正式学习主要适用于缺乏经验的在职业生涯前三年的教师。

伊劳特（Eraut）认为，应该努力转变对教师能力和学习的狭义定义，应尽可能宽泛地试着捕捉来源于教师认知、情感和行为视角方面的学习的复杂性。结合非正式学习包含的内隐性、灵活性、协商性三个关键性要素，建立一个经验不足型教师基于工作的非正式学习模式。他指出，"基于教学的初期经验带有情绪化和关系化特征而并不具有更多认知性或专业学习相关能力。专注于非正式学习的研究在指向一个更强大的初任教师专业学习理论方面将起着重要的作用"。新入职教师在教学中的非正式学习是一种带有情感性的、和教师身份非常吻合的学习形式。这传递了一个信号，即"在教师专业工作中情感维度比公认的认知维度更为重要"。

有研究通过对经验型教师进行为期一年的观察和访谈发现：行为、认知、动机、情感四个要素在教学活动中是相互关联的，教师学习的理论应该更多包含行为、动机和情感，要提高教师的教学质量，就要求更加关注教师的认知、情感、动机和行为之间的关系，并且增进教师的内隐性的信念意识和行为倾向[①]。

Cross 和 Mattox 通过研究指出，人们的学习所获得的知识有 90%是非正式的，而仅仅 10%是正式的，而且"取得教师资格后的职后教师并没有多少机会去接受系统化的知识学习，而只有依靠工作中的非正式学习机会"[②]。

---

① Hosekra A, Beijaard D, Brekelmans M, et al. Experienced teacher's informal learning from classroom teaching[J]. Teachers and Teaching:Theory and Practice, 2007, 13(2): 189-206.

② 杨晓平. 中小学教师非正式学习研究[D]. 重庆: 西南大学, 2014: 4.

　　教师非正式学习的研究重点多为非正式学习在终身教育体系中的价值和意义或非正式学习在教师实现终身学习中所起的作用这一视角，且关注点重在强调非正式学习对教师专业发展的价值和意义，而对于关注教师个人的自我意义、存在价值、内在情感、人生信念、个人幸福等教师自我这一视角的研究实在是寥寥无几。教师是一个"现实存在的具体的人"，是一个"未完成的人"，是"自我发展的人"，教师的终极目标是要成为一个具有社会价值和自我价值高度统一的"完整的人"。教师发展是在外在专业标准要求与教师内在自我发展需要的融合中实现的。教师的专业人生并不能代表教师完整的人生，教师的专业发展并不能代表教师完整的发展。

4.2　国内非正式学习研究现状的内容分析

　　非正式学习的研究在我国起步比较晚，国内研究在追踪发达国家研究趋势的基础上，也在逐渐形成自己的特色，但远没有形成突出主题和鲜明特色。在专业化发展的全球化和教师教育研究向教师学习研究转向的大背景下，人们越来越发现教师学习存在的诸多问题，研究者已经高度意识到教师不同于一般成人、教师工作场所不同于一般工作场所、教师工作对象不同于一般工作对象，要充分肯定和尊重教师职业所具有的独特性、专业性，教师非正式学习的研究有必要从工作场所和成人非正式学习中脱离出来而成为独立的研究主题。

　　对非正式学习更多的是相对于正式学习而定义，学者主要从学习的方式、场所、形式等方面进行定义。余胜泉和毛芳定义非正式学习是相对正规学校教育或继续教育而言的，指在工作、生活、社交等非正式学习时间和地点接受新知的学习形式，主要指做中学、玩中学、游中学，如沙龙、读书、聚会、打球等[①]。冯巍定义非正式学习是指正规教育与非正规教育之外所有有意识的教育活动，如在家里个人的自学活动、工厂车间的团体活动[②]。祝智庭等定义非正式学习是非官方的，是有目的的行为或在不经意间发生，没有通常意义上的正式教师，大多不用成绩评价也无须划分等级，衡量学习有效性的标准是在生活或工作中成功与否[③]。

---

① 余胜泉，毛芳. 非正式学习——E-learning 研究与实践的新领域[J]. 电化教育研究, 2005(10): 18-23.

② 冯巍. OECD 国家终身学习政策与实践分析[J]. 比较教育研究, 2003, 24(19): 72-76.

③ 祝智庭，张浩，顾小清. 微型学习——非正式学习的实用模式[J]. 中国电化教育研究, 2008(2): 10-13.

作者认为，非正式学习是发生在工作或生活中，有意或无意间获得知识提升能力的一种学习方式，在学习过程中没有固定教师，没有正式学习环境，不能定性考核学习结果。

华东师范大学邢蕾的博士学位论文《成人非正式学习的研究》是我国第一篇研究非正式学习的博士学位论文，也是第一篇研究成人非正式学习的博士学位论文。其将非正式学习与成人发展、社会进步联系在一起，体现了非正式学习对于人类的伟大意义和价值。作者认为，非正式学习使成人不断有能力面对其一生所要完成的各种社会角色，在个人生命历程与社会发展历程的交错坐标中发现自我、实现自我和解放自我。非正式学习的过程和结果都会直接影响成人的行为，因而有着深远的社会意义[①]。

1. 研究对象和方法

研究方法主要采用内容分析法，即对各种信息传播形式的明显内容进行客观、系统和定量的描述。其过程是抽取有代表性的资料样本，将其内容分解为一系列的分析单元，并按预先制定好的分析类别和维度系统严格地评判记录，最终统计分析结果。

在中国知网上将关键词限定为"非正式学习"、时间限定为 1997～2015 年（2015 年 10 月截止）进行精确检索。参照被引频次及题目、关键词和摘要，剔除引用较低或附带论述的文章，对于不确定的论文仔细研读。经筛选最终确定 270 篇文献作为此次研究对象，其中学术论文 185 篇，学位论文 85 篇。

2. 数据统计分析

1）文献数量分析

文献数量分析见表 4-1。

从表 4-1 可以看出无论代表广度的学术论文还是代表深度的学位论文整体上都有增加趋势，其变化趋势为：1997～2007 年处于缓慢发展时期，2008 年开始进入快速增长时期，2010 年达到高峰，随后进入平稳时期。

---

① 邢蕾. 成人非正式学习的研究[D]. 上海: 华东师范大学, 2011.

表4-1　1997~2015年文献数量分布　　　　（单位：篇）

年份	学术论文	学位论文	小计	年份	学术论文	学位论文	小计
1997	1	0	1	2007	7	1	8
1998	1	0	1	2008	12	7	19
1999	0	0	0	2009	24	10	34
2000	0	0	0	2010	30	6	36
2001	1	0	1	2011	21	11	32
2002	1	0	1	2012	20	16	36
2003	1	0	1	2013	25	18	43
2004	1	1	2	2014	19	10	29
2005	4	0	4	2015	14	4	18
2006	3	1	4	合计	185	85	270

2）文献来源分析

（1）学术论文来源分析（表4-2）。

表4-2　期刊载文量分布

期刊名称	载文量/篇	载文百分比/%
软件导刊（教育技术）	27	14.59
中国教育技术装备	14	7.57
中国电化教育	13	7.02
电化教育研究	12	6.49
现代教育技术	12	6.49
中国教育信息化	10	5.40
远程教育杂志	9	4.86
中国远程教育	6	3.24
合计	103	55.67

从表4-2可以看出，以上8种期刊载文量超过总数的1/2，这表明以上期刊对非正式学习研究关注度较高；这8种期刊是教育技术领域的核心或重要期刊，这表明广度的关注和重视主要来自教育技术领域。《软件导刊》作为教育技术方向非核心期刊载文数量排名第一，显示其对非正式学习的关注度更高，初级研究者对

此研究课题广泛关注，这是一个值得关注的现象。

（2）学位论文来源分析（表 4-3）。

表 4-3　学位论文涉及毕业院校、所修专业的历年分布　　（单位：篇）

毕业院校及专业		论文数量	毕业院校及专业		论文数量
华东师范大学（11篇）	比较教育学	2	首都师范大学（4篇）	比较教育学	2
	成人教育学	3		学科教学（物理）	1
	教育技术学	4		外国语言学及应用语言学	1
	学习科学与技术设计	1	扬州大学（3篇）	教育技术学	2
	现代教育技术	1		课程与教学论	1
东北师范大学（9篇）	教育技术学	5	山东师范大学（3篇）	教育技术学	2
	现代教育技术	2		现代教育技术	1
	体育教育训练学	1	宁波大学（3篇）	教育技术学	2
	课程与教学论	1		课程与教学论	1
华中师范大学（7篇）	教育技术学	6	河南大学（3篇）	教育技术学	2
	现代教育技术	1		成人教育学	1
上海师范大学（7篇）	教育技术学	6	湖南大学（3篇）	教育技术学	2
	现代教育技术	1		外国语言学及应用语言学	1
西南大学（3篇）	教育技术学	3			

表 4-3 中列出了数量有 3 篇及以上关于非正式学习研究学位论文的 11 所院校，占了 64.71%。在这些优秀学位论文中作者专业基本上集中于教育领域，而大多数集中于教育学所属的二级学科——教育技术学领域，这说明更多深度关注与重视也来自于教育技术学领域。

（3）文献第一作者的机构分布（表 4-4）。

表 4-4　文献第一作者的机构分布

作者单位	论文数量/篇		合计/篇（百分比/%）	作者单位	论文数量/篇		合计/篇（百分比/%）
	学术论文	学位论文			学术论文	学位论文	
华东师范大学	18	11	29（10.47）	云南大学	3	2	5（1.85）
东北师范大学	7	9	16（5.93）	浙江师范大学	3	2	5（1.85）
华中师范大学	7	7	14（5.19）	湖南科技大学	3	1	4（1.48）
上海师范大学	4	6	10（3.70）	北京师范大学	4	0	4（1.48）

续表

作者单位	论文数量/篇		合计/篇（百	作者单位	论文数量/篇		合计/篇（百
	学术论文	学位论文	分比/%)		学术论文	学位论文	分比/%)
河南大学	3	3	6（2.22）	湖南大学	1	3	4（1.48）
西南大学	3	3	6（2.22）	贵州师范学院	4	0	4（1.48）
宁波大学	2	3	5（1.85）	首都师范大学	0	4	4（1.48）
山东师范大学	2	3	5（1.85）	扬州大学	1	3	4（1.48）
苏州大学	4	1	5（1.85）	合计	69	61	130（48.15）

表 4-4 中列出了对非正式学习研究文献数量 4 篇及以上的第一作者单位，其文献数量占总文献数量的 48.15%。统计表明对非正式学习的研究多来自于高校，这说明对非正式学习的关注和重视主要来自于高校，很少有其他社会领域的关注。

3）研究内容分析

主要从应用研究、理论研究、资源建设研究等三个方面进行统计分析。其中应用研究主要包括学习共同体、知识管理和不同人群的非正式学习等；理论研究主要包括定义、特点、理论基础、意义价值、评价、方式、模式、策略和发展现状等；资源建设研究主要包括非正式学习的环境、资源和某一环境中的非正式学习等[①]，具体分类结果如表 4-5 所示。

表 4-5　研究内容的分类统计　　　　　（单位：篇）

项目	应用研究	理论研究	资源建设研究	其他研究
学术论文	76	65	38	6
学位论文	42	19	22	2
合计	118	84	60	8

从表 4-5 可以看出对非正式学习的应用研究和理论研究关注比较多，而对资源建设研究和其他研究的关注比较少。

（1）应用研究。从表 4-5 中可以发现应用研究的文献数量比较多，研究方向主要集中在大学生、教师和企业员工的非正式学习，应用研究热点主要涉及以下

① 张思慧, 马玥. 非正式学习研究现状及趋势分析[J]. 中国教育信息化, 2016(20): 1-4.

四个方面。

①大学生的非正式学习。对大学生的非正式学习研究更多的是分析存在的问题、提出策略建议，例如，柴阳丽调查得出 Web 2.0 环境下大学生表现出非正式学习的意识、策略和效果等并不乐观，提出了培养非正式学习习惯等一系列策略[①]；刘朋调查分析并指出信息技术环境下大学生的非正式学习影响因素主要为学习者、学习资源和学习环境，提出应从态度、能力及环境和资源等方面提升学习效果[②]。

②教师的非正式学习。由教师自我组织、自我决定、自我激励的非正式学习活动是促进教师发展的最重要方式之一[③]。2006 年，毛齐明从内涵、积极意义及基本途径方面讨论了教师的非正式学习[④]，之后很多学者从不同角度开始关注，其中杨晓平从内涵、类型与结构、理论基础、现状的调查研究、文化的建设、影响因素等方面展开了研究。

③企业员工的非正式学习。企业员工的非正式学习也备受高校研究者的关注。王银环和袁晓斌通过调查奇瑞公司员工非正式学习现状，总结出新老员工帮扶对子、经验技术交流会、基于企业网络平台和互联网的资源学习四种典型形式，提出创设良好氛围、完善企业网络平台和重视提高学习能力的策略[⑤]。

④非正式学习的共同体。赵呈领等通过实证研究得出知识性维度、技术性维度和社会性维度等因素影响非正式网络学习共同体的深度互动[⑥]。

关于非正式学习共同体的研究目前虽然还不是很多，但是无论深度还是广度上已开始发展，并且从目前文献可以看出非正式学习共同体的研究基本以网络为背景。

非正式学习应用研究中对幼儿、中学生和老人等其他人群的非正式学习及知识管理等方面关注度还不够，研究比较少，今后应该拓宽研究对象范围，使所有

① 柴阳丽. Web 2.0 环境下大学生非正式学习现状调查与对策研究[J]. 电化教育研究, 2011 (12): 63-68.

② 刘朋. 信息技术环境下大学生非正式学习现状与分析[D]. 武汉: 华中师范大学, 2013: 75.

③ 杨晓平. 中小学教师非正式学习研究——基于自我统整的教师发展视角[D]. 重庆: 西南大学, 2014: 12.

④ 毛齐明. 教师的非正式学习简论[J]. 教育科学论坛, 2006(2): 59-60.

⑤ 王银环, 袁晓斌. 非正式学习在企业培训中的应用——以奇瑞汽车股份有限公司的企业培训为例[J]. 现代远程教育研究, 2009(3): 63-65.

⑥ 赵呈领, 闫莎莎, 杨婷婷. 非正式网络学习共同体深度互动影响因素分析[J]. 现代远程教育研究, 2013(1): 101-107.

人充分利用非正式学习进行终身学习从而达到终身教育。

（2）理论研究。由表 4-5 可知，共有 84 篇理论研究文献，占总文献数量的 31.1%，表明理论研究也受到研究者比较多的关注，从统计资料分析，理论研究主要关注的热点有以下五个方面。

①非正式学习的分类。李娟根据是否有具体学习目标，将其分为有明确学习目标的非正式学习和偶然性的非正式学习[①]。阮高峰依据学习内容来源将其划分为个体反思性、社会互动性和资源性[②]。但更多的是参考 Schugurensky 的分类，即自我指导学习、偶发性学习和缄默学习[③]。

基于以上分类，作者根据是否利用网络学习将其分为两类。

第一类，在线非正式学习，即有网络的非正式学习，如利用移动信息终端和固定信息终端上网随时随地进行的在线学习交流。

第二类，线下非正式学习，即无网络的非正式学习，如读书、看杂志或朋友在聚会谈笑中获得某一技能或知识的方法。

②非正式学习的形式。非正式学习的组织形式是多样的，可以是聊天交流，可以是使用某一工具查询，可以在公交车上，也可以在吃饭的餐桌旁等。按照参与人数，余胜泉和毛芳认为形式为个体内省、双人协作、实践团体和网络团体四类[④]。弓箭和畅肇沁认为形式为观察模仿、亲身实践、相互交流和主体对自身及客观现实的理性审视[⑤]。

③非正式学习的评价。非正式学习是学习者在有意识或无意识的情形下发生的，无法利用考试等形式进行评价。王迎提出可以采用先前学习评价对结果进行认定。先前学习评价是对成人非正式学习时所获得的知识、技能或能力加以测评、认可并授予相关证明[⑥]。非正式学习评价制度的进一步完善将更加有利于构建全民终身学习体系。

④非正式学习的方式。随着科技快速发展，非正式学习的方式也在发生着改

① 李娟. Web 2.0 环境下的非正式学习研究[D]. 长沙: 湖南大学, 2010: 45.

② 仁杰. 大学生非正式学习及其在高校教学中的整合策略研究[D]. 金华: 浙江师范大学, 2009: 58.

③ 沈丽. 非正式学习环境下基于微信的知识管理研究[D]. 昆明: 云南大学, 2015: 83.

④ 余胜泉, 毛芳. 非正式学习——E-learning 研究与实践的新领域 [J]. 电化教育研究, 2005(10): 18-23.

⑤ 弓箭, 畅肇沁. 非正式学习视角下初任教师的专业化发展[J]. 教学与管理, 2014(15): 76-78.

⑥ 王迎. 先前学习评价: 国际发展的经验与分析[J]. 现代远程教育研究, 2012(3): 43-52.

变，其方式的研究几乎基于网络背景下的各种技术而展开。董京峰等认为社会软件便于快速获取知识、分类存储管理知识和分享知识，更能促进非正式学习发生[①]。宗娜认为数字短片以车载移动电视、手机等大众传播媒体为平台迎合了学习者自身需要和兴趣而引发非正式学习[②]。

⑤非正式学习的模式。模式是指再现现实的一种理论性的简化的形式[③]。1998年，祝智庭等学者明确提出微型学习是非正式学习的实用模式之一，并详细分析了微型学习及设计原则。之后不同研究者展开了基于三维虚拟环境、QQ 等社会性软件、微型学习、信息技术环境等的非正式学习模式的分析及构建。

（3）资源建设研究。资源建设研究相对于理论研究和应用研究起步比较晚，相关文献仅有 60 篇，只占总文献数量的 22.22%，说明还没有引起更多研究者的关注与重视。

①非正式学习环境的研究。学习环境不仅是一个学习的物理空间，还能提供所需的各类资源。网络的普及使非正式学习环境发生了变化。黄建军和郭绍青认为在 Web X.0 环境下非正式学习的环境可以分为个人学习环境和虚拟学习社区[④]。忽海娜和张虎构建了基于 Web 2.0 下非正式学习环境的模型[⑤]。

②非正式学习资源的研究。余胜泉等针对在非正式学习过程中学习技术支持不足、缺乏资源智能性、无法共享生成性信息和进化学习内容等问题，提出了新型的学习资源组织方式——学习元，并建构了模型[⑥]。杨浩等分析高校非正式学习研究现状后构建了基于移动终端的非正式学习资源设计模式，并提出了应用到校园生活中的措施[⑦]。

对非正式学习的资源建设很少进行深度和实证的研究，大多停留在表面。但有尝试就有深入，随着网络逐渐成为工作生活的一部分，非正式学习资源建设研究将来也会是研究者关注的一个领域。

---

① 董京峰, 王伟娟, 朱立波. 社会性软件促进非正式学习[J]. 中国远程教育, 2009(13): 41-46.

② 宗娜. 数字短片在非正式学习中的应用研究[D]. 南京: 南京邮电大学, 2012: 58.

③ 南国农, 李运林. 教育传播学[M]. 北京: 高等教育出版社, 2005: 49.

④ 黄建军, 郭绍青. Web X.0 时代的媒体变化与非正式学习环境创建[J]. 中国电化教育, 2010(4): 11-15.

⑤ 忽海娜, 张虎. 基于 Web 2.0 的大学生非正式学习环境构建[J]. 教育与职业, 2010(26): 175-177.

⑥ 余胜泉, 杨现民, 程罡. 泛在学习环境中的学习资源设计与共享——"学习元"的理念与结构[J]. 开放教育研究, 2009, 15(1): 47-53.

⑦ 杨浩, 高岭, 宁玉文, 等. 基于移动终端的非正式学习资源设计[J]. 中国教育信息化, 2012(3): 27-29.

4）研究热点分析

研究热点分析见表 4-6。

表 4-6　各研究主题的历年分布　　　　　　（单位：篇）

年份	应用研究			理论研究			资源建设研究			其他研究			合计
	学术论文	学位论文	小计	学术论文	学位论文	小计	学术论文	学位论文	小计	学术论文	学位论文	小计	
1997				1		1							1
1998				1		1							1
1999													
2000													
2001				1		1							1
2002				1		1							1
2003				1		1							1
2004		1	1				1		1				2
2005	2		2	2		2							4
2006	1	1	2	2		2							4
2007	5	1	6				2		2				8
2008	4	4	8	5	2	7	3	1	4				19
2009	10	2	12	9	2	11	3	6	9	2		2	34
2010	10	3	13	12	2	14	8	1	9				36
2011	10	6	16	5	1	6	4	4	8	2		2	32
2012	10	5	15	5	7	12	5	3	8		1	1	36
2013	8	9	17	10	3	13	5	5	10	2	1	3	43
2014	9	8	17	8	1	9	2	1	3				29
2015	7	2	9	2	1	3	5	1	6				18

1997～2015 年非正式学习研究情况统计如表 4-6 所示，从表中可以看出对非正式学习的研究在 2009 年进入高速发展，各研究主题的文献数量也表现出不同变化，其中应用研究表现出持续增长的趋势，说明它依然是非正式学习研究的热点。这是因为通过文献可以发现电子产品智能发展和三网融合使非正式学习更加方便与快捷。学习型社会的倡导和终身学习理念的深入、自带设备人均持有量的增长和网络带宽的改变等会使应用研究继续成为研究者重视的领域之一。

3. 当前非正式学习呈现的特点

通过以上内容分析看到,当前国内非正式学习研究呈现出以下四个特色。

1)非正式学习的资源建设和环境建设是研究的薄弱环节

工作生活的激烈竞争会使越来越多的人在公交车等能利用碎片时间的场所快速刷新自带设备进行非正式学习。在有意识或无意识间快速准确地获取各种信息,需要非正式学习的资源和环境建设做保障,建议相关部门加强建设,使学习者取得良好的非正式学习效果。

2)非正式学习的研究主力是高校,应采取措施鼓励社会力量参与

非正式学习的研究主力基本上来自于高校,很少引起其他社会力量的关注,这是统计数据中看到的现象。非正式学习现象并非只发生在高校,并且其价值是不容忽视的,通过前面分析看到,人一生中90%的知识是通过非正式学习渠道获得的,因此应采取积极措施大力鼓励社会力量参与对非正式学习的研究应用。

3)学校应采取措施加强教师的非正式学习

国家要发展,民族要复兴,科技是关键,劳动者素质是保障,教育是基础,强硬的教师综合素质是教育发展的有力保证。教师在非正式学习的过程中,可以建构自身的显性和隐性知识以促进教学工作。有效的非正式学习在一定程度上可以很好地促进教师的专业发展,学校应重视并采取切实可行的措施鼓励教师的非正式学习。

4)非正式学习研究中对学习评价研究关注度不够

《国家中长期教育改革和发展规划纲要(2010—2020年)》中明确提出:建立继续教育学分积累与转换制度,实现不同类型学习成果的互认和衔接[①]。对非正式学习成果的成功转化,可以使非正式学习更好地与正式教育相融合,建立完善的终身学习体系,实现全民终身教育。通过前面文献综述研究发现,很少有研究者关注非正式学习的评价问题,这有多方面的因素,建议有关方面应采取措施加强对非正式学习评价研究的关注。

---

① 中国网. 国家中长期教育改革和发展规划纲要(2010—2020年)[EB/OL]. [2010-03-01]. http://www.china. com.cn/ policy/txt/ 2010-03/01/content_19492625.htm.

4.3　国内外对教师专业发展及非正式学习的研究

教师专业发展研究始于 20 世纪 60 年代的美国，兴盛于 20 世纪 70 年代的欧美。20 世纪七八十年代后，随着社会发展和一系列有关教育改革政策的付诸实施，教师专业发展逐步成为我国教育领域研究的热点。

1. 教师专业发展的内涵

在国外，关于教师专业发展主要有五种观点[①]。

观点一，将教师发展看作通过在职培训或人员开发而获得的具体的发展，也将其理解为教师的目的意识、教学技巧和与同伴一起工作的能力。

观点二，将教师专业发展理解为通过扩大教学专业赖以存在的知识基础，并提高教学的认识来提高教学的专业地位的过程。

观点三，将教师专业发展与教师通过实践调查来建构自己的教学理论联系起来，认为教师专业发展可以看作专业成长的过程。

观点四，将教师专业发展具体总结为三种专业发展活动：培训合格教师、视听观察过程和教学实习。

观点五，多维教师发展观，包括三个维度，即专业经验的发展、心理的发展和职业生涯的发展。

我国学者叶澜将教师专业发展归纳为三种[②]。

第一种是指教师的专业成长过程，关注教学工作在社会发展和个人生活中的意义，即教师在其职业生涯中不断提升自身的专业水平，持续发展，达到专业成熟的过程。这种理解关注教师专业成长的内在性，接近于"教师专业成长""专业成熟"之类的概念。

第二种是指促进教师专业成长的过程教师教育，所关注的是教师专业发展的外部条件，接近于"教师培训""在职教育"之类的概念。

第三种兼含以上两种理解，认为教师专业发展是一个过程，是教师内在专业结构不断更新、演进和丰富的过程。教师专业发展也是一种目的，它帮助教师在

---

① 牟静. 关于教师专业发展的几个问题[J]. 四川省社会主义学院学报, 2006(3): 61-62.

② 叶澜. 教师角色与教师发展新探[M]. 北京: 教育科学出版社, 2001: 222.

受尊敬、支持、积极的氛围中促进个人的专业成长，教师专业发展还是一种成人教育，增进教师对工作和活动的理解。

本书把教师专业发展看作教师接受教育、不断学习的过程，是教师内在专业结构不断更新、演进与丰富的过程。教师要成为一个成熟的、符合教师标准的专业人员，需要经过不断的学习、实践，在拓展专业内涵的基础上，提高专业知识和专业技能，逐渐达到专业的成熟，而这个过程将贯穿教师生涯的始终。同时，教师专业发展要靠教师自己的努力，教师的工作需要其具有自我总结、自我发展、自我完善的能力，体现为职业的可持续发展能力。

2. 教师专业发展的内容

对教师专业发展内容的研究主要集中在教师专业素质的探讨上。虽然很多学者对教师专业素质的构成有不同看法，但普遍关注的范围均包括专业技能、专业自主、专业成长、专业伦理等。

叶澜从教师专业发展的角度出发，认为教师专业发展阶段的主要维度包括教育信念、知识、能力、专业态度和动机以及自我专业发展需要与意识。各维度不是孤立的，它们之间是相互联系并存在交互作用的，这些因素终究要统一于它们的承载者即教师身上，作为专业人员的教师所具有的专业特质也不仅是教师内在专业结构诸方面的简单相加，专业教师的专业结构应该处于不断的流变、革新之中[①]。

孟万金认为教师专业素质架构有四个关键系统[②]。

（1）专业理念系统，主要指在对教师专业本质的理解的基础上形成的关于教育的观念和理想信念，是统率教育职业活动的总的思想意向，是指导和影响教育教学工作的纲要，引领教师专业发展方向。

（2）专业智能系统，主要指从事教师职业必备的学识和才能的总和，是教师专业成长的核心和支柱。

（3）专业情怀系统，是指教师对自己所从事职业的个性心理倾向性的总和，是教师出色完成职业使命所必需的情趣、情感和情操的双向互动。

（4）专业规范系统，是指教师专业成长必须达到的基本标准、必须遵守的基

---

① 叶澜. 教师角色与教师发展新探[M]. 北京: 教育科学出版社, 2001: 230.
② 孟万金. 教师的专业素质及其立体架构: 校长的视角[J]. 高等教育研究, 2004(6): 57-62.

本规则和必须履行的契约以及各种公约的总和，是教师专业成长的基本守则。

3. 教师专业发展的阶段理论

20 世纪 60 年代，美国学者傅乐就对教师专业化的发展过程进行了研究。他将教师的专业成长划为四个阶段：

（1）教学前关注阶段；

（2）早期生存关注阶段；

（3）教学关注阶段；

（4）关注学生阶段。

他认为，一个专业教师的成长是经过由关注自身，关注教学任务，最后才关注学生的学习以及自身对学生的影响这样的发展阶段而逐渐递进的[①]。

对于教师专业发展阶段的划分，我国学者侧重于教师社会化标准的研究，即从教师作为社会人的角度，考察其成为一名专业教师的变化历程。

我国学者对教师专业成长阶段的划分，主要包括以下三种观点[②]：

（1）三阶段论，即求生阶段、调整阶段和成熟阶段；

（2）四阶段论，即求生、巩固、更新和成熟；

（3）五阶段论，如新手、已入门者、胜任者、熟练者和专家等。

4.4 国内对民族地区教师非正式学习的相关研究

教师的非正式学习是发生在工作或日常生活中教师主动进行的学习，并且其过程以教师为中心。教师由于职业的特殊性以及工作的繁忙性，一般只能利用零碎的或者碎片化的时间进行学习，通过同事间的交流、阅读学术刊物或书籍、借助新媒体浏览信息等方式获得知识，用以提升自我能力。教师的非正式学习通常由教师主动发起，过程由教师自我组织、自我控制、自我导向，学习结果没有学分或资格证等形式的认定，获得的知识通常是隐性知识或缄默知识。

我国从 1997 年才有研究者开始撰文关注非正式学习，且其论述也镶嵌在终身学习、学习型社会的文献中。以非正式学习为主题进行的研究从 2002 年才开始，

---

① 陈琴, 庞丽娟, 许晓晖. 论教师专业化[J]. 教育理论与实践, 2002, 14(1): 26-32.

② 时伟. 当代教师继续教育论[M]. 合肥: 安徽教育出版社, 2004: 89-90.

自 2005 年开始,我国才正式拉开了非正式学习研究的帷幕,而且多见于学术论文,学位论文寥寥无几。

以教师非正式学习为研究主题从 2006 年开始,无论学术论文还是学位论文,其数量都极其有限。此外,在为数不多的教师非正式学习研究中,其关注的焦点高度集中在中小学教师专业发展方面,对于教师个体的自我价值、自我存在意义、自我实现等自主发展方面的研究少之又少。

2007 年,河南大学肖茹的硕士学位论文《非正式学习与中小学教师成长》,阐明了中小学教师非正式学习的概念、方式和理论基础,论述了中小学教师进行非正式学习的必要性,强调要重视中小学教师的非正式学习,通过问卷调查,分析了中小学教师非正式学习遮蔽的根源。发现根源在于学习观念的错位、学习策略的僵化、组织文化的背离、评价机制的羁绊和学习资源的匮乏。针对中小学教师非正式学习遮蔽的根源提出解决问题的主要策略。敦促教育主管部门,通过立法或认证,使非正式学习更具吸引力,为教师提供更广阔的学习空间和更丰富的学习资源,使非正式学习成为一种时尚。此外,帮助学校和教育机构,通过构筑优良的学校文化,组建学习共同体和改革教师评价机制来激发教师非正式学习的愿望与非正式学习的动机。提倡教师个体成为持续的变革者、反思实践者和行动研究者,通过反思和研究使教师获得非正式学习的源泉与非正式学习的动力,利用非正式学习的形式把学习与工作生活相融合。

2014 年,西南大学的杨晓平在其博士学位论文《中小学教师非正式学习研究——基于自我统整的教师发展视角》中,对中小学教师的非正式学习从自我统整的角度进行了系统且详细的研究。论文基于自我统整的教师发展视角,聚焦于实现教师自我统整发展最重要的实现方式——非正式学习进行了较为系统而深入的研究。论文分别以国内外学者对教师非正式学习进行研究的现状和我国中小学教师进行非正式学习的实践现状为研究的两条线索。一方面,通过对国内外相关文献研究的梳理与分析,发现教师非正式学习理论研究中存在问题;另一方面,基于对我国中小学教师非正式学习的实践现状进行考察,发现教师非正式学习实践中存在若干问题。以这些问题为整个研究的逻辑起点,探讨了中小学教师非正式学习的本体,建构了中小学教师非正式学习的理论,剖析了中小学教师非正式学习的影响因素,凝练了中小学教师非正式学习的实践模式,讨论了中小学教师非正式学习有效性的自我评价体系,并且论证了中小学教师非正式学习的条件保障。该论文通过研究，尝试建构我国中小学教师非正式学习的理论框架与可示范的实践范式。

　　已有研究表明更多的研究者已开始关注教师的非正式学习，但很少针对某个地区教师的非正式学习进行研究，尤其是少数民族地区。关于民族地区教师非正式学习的研究几乎还是一片空白，只有吴少聪在硕士学位论文的研究中，以乌鲁木齐市的中小学民族教师为研究对象，进行了实证研究，在调查中发现教师比较认可非正式学习，学习的意识也较强，但是在学习的方式中局限性较大，并通过学校层面和教师层面给出了建议①，这是为数不多的以民族地区中小学教师的非正式学习为关注点的研究。

　　总体上看，对教师的基于专业能力提升的非正式学习的研究，关注度不够，而对民族地区或少数民族教师的非正式学习的研究，目前几乎是一片空白。

---

① 吴少聪. 乌鲁木齐中小学少数民族教师非正式学习调查研究[D]. 乌鲁木齐：新疆师范大学, 2016.

第 5 章　"互联网+"环境下非正式学习的理论基础

5.1　社会建构主义学习理论

5.1.1　社会建构主义的概念

"社会建构"（social construction）一词由伯格（Berger）和卢克曼（Luckmann）在 1966 年出版的《现实的社会建构》（*The Social Construction of Reality*）一书中明确提出[①]。

什么是社会建构主义?这是一个比较难回答的问题,在文献中发现的社会建构主义的表述相差甚远,其理论渊源亦不尽相同。

《社会建构主义导论》（*An Introduction to Social Constructionism*）一书的作者布尔（Burr）视社会建构主义为一个"大家族",同一家族的成员尽管千差万别,但它们还是具有若干共同的家族特征:对习以为常的知识的批判立场、强调历史和文化特殊性、知识由社会过程所维系、知识与社会行动交织在一起[②]。这四个基本理论假设有助于理解社会建构主义。

社会建构主义的重量级人物格根（Gergen）于 1985 年给社会建构主义下了一个很复杂的定义。立足于科学史、符号人类学、科学的修辞学、女性主义和后结构主义文学理论,社会建构主义是作为反本质对话的非本质的知识理论,其对话的首要关注点为:知识声明出现于其中和判断源于其间的社会话语体系;知识体系中隐含的价值/意识形态、非正式生活与体制生活为本体论和知识论认同所维持和消解的方式;宰制信仰倾向的权力与特权的分配方式。它关注文化建构的确立与改变:竞争性信仰与价值体系的适应;新形式的教育理念、学术表达和训诫性关系的传承[③]。这一复杂的定义辨识出认识社会建构主义的两个重要面向:社会建构主义的理论渊源来自不同传统;社会建构主义具有若干共识性的理论前提。

---

① 刘保. 作为一种范式的社会建构主义[J]. 中国青年政治学院学报, 2006(4): 49-54.

② Burr V. An Introduction to Social Constructionism [M]. London: Routledge, 1995.

③ Gergen K. The social constructionist movement in modern sociology [J]. American Psychologist, 1985, 40(3): 266-275.

根据 1999 年《剑桥哲学辞典》（*The Cambridge Dictionary of Philosophy*）的界定："社会建构主义，它虽有不同形式，但一个共性的观点是，某些领域的知识是我们的社会实践和社会制度的产物，或者相关的社会群体互动和协商的结果。温和的社会建构主义观点坚持社会要素形成了世界的解释。激进的社会建构主义则认为，世界或它的某些重要部分，在某种程度上是理论、实践和制度的建构。"[①]

5.1.2　社会建构主义的理论基础[②]

社会建构主义理论基于建构性的认识论，在当代哲学思潮和维果茨基心理发展理论的相互融合中逐渐发展起来，并演化出社会建构主义学习理论。

1）当代哲学思潮为社会建构主义提供哲学基础

影响社会建构主义的当代哲学思潮较多，催生并推动社会建构主义发展的哲学思潮主要有三股：一是以波普尔为首的科学哲学；二是维特根斯坦的日常语言哲学；三是以德里达为代表的后结构主义。

以波普尔（Popper）为首的科学哲学的发展，动摇了人们对知识可靠性的迷信，给当今建构主义以重大启示。波普尔认为经验可以证伪一种理论，任何理论都最终逃脱不了被证伪的厄运，猜测—证伪—再猜测—再证伪……就是科学迫近真理的道路。在他的基础上，库恩又发展了这种思想。库恩强调科学共同体的信念在科学革命中的决定作用，主张科学的增长是非理性的，还认为"科学只是解释世界的一种范式"，而"知识是个人的理解"。维特根斯坦（Wittgenstein）的日常语言哲学则反对客观主义，为建构主义理解事物提供新的思维。维特根斯坦提出"语言游戏说"和"家族相似"概念，他认为说话者在依据一定的规则用语词做各种游戏，语词只是工具，它本身没有意义，它的意义是人们在按自己的目的使用它们时赋予它们的；同时强调事物只是在某种意义上有共同的特点，但不存在绝对的普遍的规律，每一种事物都是独特的。以法国哲学家德里达为代表的后结构主义是在批判结构主义理论的过程中形成的一个哲学流派。后结构主义认为任何系统的组成部分都没有它自身的"实质的"意义，只有"关系上的"意思，强调结构意义的不确定性，进而指出"文本"在更广阔范围内和更大程度上的意

① Robert A. The Cambridge Dictionary of Philosophy[M].Cambridge: Cambridge University Press, 1999: 855.
② 郑东辉. 社会建构主义学习理论述评[J]. 宁波大学学报(教育科学版), 2004(12): 35-38.

义的不确定。后结构主义观点引起了大部分人文科学领域观察问题角度的深刻变化，建构主义从中汲取了不少营养。

这三股哲学思想汇聚起来，一个核心的观点就是：强调多元，崇尚差异，主张开放，推崇创造，否定中心和等级，要求去掉本质和必然。这正是当前流行的后现代主义思想。

然而，缺少维果茨基心理学思想的支持，没有维果茨基心理学思想的传入及与哲学思潮的融汇，也很难形成社会建构主义及其学习理论。

2）维果茨基心理发展理论成为社会建构主义学习理论的奠基石

维果茨基（Vygotsky，1896—1934 年）是苏联心理科学的主要奠基者，其产生于 20 世纪二三十年代的心理发展理论为社会建构主义提供了直接的理论支持。心理发展理论由"心理发展活动说""心理发展中介说""心理发展内化说"三部分有机组成。维果茨基将人的心理机能区分为既有联系又有区别的两种形式：一种是自然的、直接的低级心理机能；另一种是社会的、间接的高级心理机能。他认为心理的发展是个体在社会和文化影响下，从低级心理机能逐渐向高级心理机能转化的过程，而人的高级心理机能的发展，应当从历史的观点，而不是抽象的观点，不是在社会环境之外，而是在同它们的作用的不可分割的联系中加以理解。

维果茨基把心理发展理论应用于个体学习时，特别强调两个领域：一是与比较有知识的其他人在最近发展区的社会交互作用；二是以文化方式发展的文化系统（即将语言作为建构意义的心理工具）。

虽然维果茨基的心理发展理论形成于 20 世纪二三十年代，但是它对建构主义的影响和启发，并促成社会建构主义则是在 20 世纪 60 年代维果茨基思想通过其译著的出版传入西方以后。1962 年，《思维与语言》英文版一书在美国出版后，使西方学者惊叹不已，逐渐引起西方学者的兴趣。进入 20 世纪 80 年代以后，西方心理学家由最初只是对维果茨基思想感兴趣开始转入对其诸多方面的研究，这才使得维果茨基的心理发展理论在与西方哲学思潮融汇的过程中，促进了社会建构主义及其学习理论的形成和发展。这也就使后现代主义思想和维果茨基的心理发展理论成为社会建构主义及其学习理论的理论基础。

正如社会建构主义理论主张的那样，强调自我知识的建构。西方学者在研究维果茨基心理发展理论的过程中形成和发展了社会建构主义的同时，对社会建构主义的认识不尽相同，甚至形成了不同的理论派别，如以英国的所罗门（Solomon）为代表的社会性建构主义、以格根（Gergen）为代表的社会建构论、以沃茨奇（Wertsch）和鲍尔斯费尔德（Bauersfeld）为代表的社会文化认知的建构主义。但是他们的理论基础是共同的，他们论述的许多观点也有共同之处，最大的共同点在于：反对客观主义，强调主客体间的互动，认为社会建构主义就是个体在社会文化背景下，借助各类工具和符号中介，通过与他人的互动和与社会的协商，主动建构自己的认识与知识。

5.1.3　社会建构主义的特点[①]

1）建构性

在社会建构主义看来，现代主义哲学无论科学主义还是人本主义，在本体论上都根源于主客二分的假说。社会建构主义试图超越主客二分的方法，把哲学视界分为社会建构者（现实的人）和人的社会建构物（社会系统，包括技术系统、政治-文化系统等）。而对社会建构者和人的社会建构物之间关系的描述，就是建构性。建构性就是指从发生机制的角度研究社会建构者与社会建构物之间的相互创造关系，认为人与人的生活世界之间的关系是建构性的：人是人的生活世界的社会建构者；人的生活世界是人的社会建构物；人的生活世界也建构着人自身。

一句话概括，社会建构者和社会建构物之间是一个社会建构的循环。

2）社会性

科学主义和人本主义以及后现代主义总是从个体心理学或者其他非社会过程的视角研究主体与客体的关系，认为主体与客体的关系是一个逻辑—经验过程（如科学主义），或者是一个解释—重建过程（如人本主义），这个过程是心理学的或哲学思辨性的，与人的社会行为没有关系。与此相异的是，社会建构主义从社会性的角度理解人、人的生活世界以及人与人的生活世界之间的相互关系：第一，建构的主体是社会性的，而非个人性的，即建构者是主体性的或群体性的；第二，建构过程不仅仅是一个心理过程，更是一个社会过程，其中包括合作、沟通、协商、争论、妥协、折中、共识等；第三，被建构物不仅仅是一个具有逻辑贯通性

---

① 刘保. 作为一种范式的社会建构主义[J]. 中国青年政治学院学报, 2006(4): 49-54.

的真理体系，而且是"集体智慧"的结晶，其中包括不同建构者不同角度的观察、不同利益的折射、不同目的的追求。

3）互动性

社会建构主义的互动性简单来说就是：人社会地建构了建构物，如科学、技术等，使建构物体现人的主体性和社会性；建构物也在社会地建构人本身，使人具有建构物的本性。这也可以称为社会建构主义的辩证法。

4）系统性

系统是社会建构主义分析的真正焦点，要注重对不同因素之间的相互作用进行分析，这些因素包括物质的人工制品、制度和他们的环境，然后通过技术的、社会的、经济的和政治的整合，并将宏观的和微观的分析联系起来，从而很好地解释社会现实。

其实，建构性、社会性、互动性和系统性等关键词所强调的都是一个问题：社会因素在研究中的考虑。如果加以归纳梳理，可以得出一个长长的清单：利益、联盟、谈判、系统、合作、沟通、协商、争论、妥协、社会结构、社会利益、政治意识形态、社会关系、利益、共识（consensus）、习俗约定（conventions）、劝说（persuasion）、修辞（rhetoric）、权势网络（networks of power）、文字记载（literary inscription）等。它们集中而形象地代表了社会建构主义所强调的社会、政治、经济、文化等领域因素的参与和影响。

5.1.4 社会建构主义学习理论的基本观点[①]

社会建构主义学习理论并非像其他学习理论流派那样基于大量的动物或人的实验和准实验来验证假设并提出自己的命题与观点，而是在对以斯金纳为代表的行为主义和加涅等为代表的认知主义为基础的客观主义传统的有力批判与扬弃基础上，发展皮亚杰的认知建构主义学习理论，从社会建构主义的最大共同点出发构建自己独特的知识观、学生观和学习观。

1. 知识来源于社会的意义建构

社会建构主义认为，知识是在人类社会范围里，通过个体间的相互作用及其

---

① 郑东辉. 社会建构主义学习理论述评[J]. 宁波大学学报(教育科学版), 2004(12): 35-38.

自身的认知过程而建构的,是一种意义的建构。同时强调,知识的获得不仅仅是个体自己主动建构的过程,更注重社会性的客观知识对个体主观知识建构的过程中介,更重视社会的微观背景和宏观背景与自我的内部建构、信仰和认知之间的相互作用,并视它们为不可分离的、循环发生的、彼此促进的、统一的社会过程。于是,社会建构主义把知识看作社会的意义建构,既有个体的成分,更多的是社会因素,其主要依据是:

（1）知识的基础是语言知识、约定和规则,而语言则是一种社会的建构;

（2）人类知识、规则和约定对某一领域知识真理的确定与判定起着关键作用;

（3）个人的主观知识经发表而转化为使他人有可能接受的客观知识,这一转化需要人际交往的社会过程,因此,客观性本身应理解为社会性;

（4）发表的知识须经他人的审视和评判,才有可能重新形成并成为人们接受的客观知识,即主观知识只有经社会性接受方能成为客观知识;

（5）个人所具有的主观知识就其本质而言是内化了的、再建构的客观知识,即使客观知识获得了主观的内在表现;

（6）无论在主观知识的建构和创造过程中,还是参与对他人发表的知识进行评判并使之再形成的过程中,个人均能发挥自己的积极作用。

2. 学习者应在社会情境中积极地相互作用

学习者具有主体性和能动性的本质内涵,是以原有知识经验为背景,用自己的方式建构对于事物的理解,是一个主动学习者。由于经验背景的差异,学习者对意义的理解常常各不相同。对此,社会建构主义清醒地认识到:社会情境是学习者认知与发展的重要资源,要求学习者带着不同的先前经验,进入所处的文化和社会情境（可以构建一个"学习共同体"）进行互动,通过学习者之间的合作和交流,互相启发,互相补充,增进对知识的理解。在学习者之间相互作用过程中,认知工具、语言符号、教师、年长的或更有经验的学习者起着非常重要的作用。因为认知工具的类型与性质及语言媒介的程度决定着学习者发展的方式和速度,且教师、年长者和有经验者在学习者最近发展区内将提供更多的帮助与指导。

3. 学习是知识的社会协商

社会建构主义的学习是通过协商过程共享对象、事件和观念的意义的。社会协商是社会建构主义解释学习的一个重要概念，个体通过与社会之间的互动、中介、转化以建构、发展知识来学习，具体如下。

1）关于学习条件

首先，社会建构主义注重学习的主体作用，强调学生的主观能动性，突出学生先前经验的意义。其次，关注知识所赖以产生的社会情境。知识的意义总是情境性的，知识源于现实，知识寓于现实，知识用于现实，知识的理解需要相关的感性经验（主要通过社会协商获得），知识的建构不仅依靠新信息与学习者头脑中的已有信息相互作用，而且需要学习者与相应社会情境的相互作用。最后，强调"学习共同体""学习者共同体"的作用，提倡师徒式的传授以及学生之间的相互交流、讨论与学习。

2）关于学习过程

社会建构主义认为，学习是学习者根据自己的知识背景，在他人协助下，在社会情境中主动建构自己的意义学习过程。在学习过程中特别强调个体的社会协商和在协商中的发展，也把个体的持续发展作为学习的一个重要结果。根据维果茨基的观点，个人的认知结构是在社会交互作用中形成的，发展正是将外部的、存在于主体间的东西转变为或内化为内在的、为个人所特有的东西的过程。英国著名数学教育专家欧尼斯特（Ernest）也指出社会建构主义的中心论点：只有当个人建构的、独有的主观意义和理论与社会和物理世界"相适应"时，才有可能得到发展。因为发展的主要媒介是通过交互作用导致的意义的社会协商。两位学者的观点有助于理解社会建构主义对学习过程的主张。

社会建构主义学习理论的三部分主张不是各自独立、零乱组合，而是相互依存地有机统一在一起的，有主导思想贯穿其中。这一主导思想是：承认社会性的客观知识存在并可被认知，个体通过与社会的协商（主客体间的互动），充分利用符号、语言、活动等中介或个体被中介，来主动建构自己的意义学习，获得持续发展。

5.2　知识管理理论

5.2.1　知识管理的概念[①]

对知识管理（knowledge management，KM）问题的探讨可以追溯到 20 世纪 30 年代，哈耶克（Hayek）在《个人主义与经济秩序》一书中论述了"知识要在社会中利用"的新观念，这也是知识管理思想的萌芽。随后，经过无数研究者的努力，知识管理的概念在 20 世纪 90 年代初成型。综合起来主要有以下四种观点。

（1）马奎特（Marquardt）认为，知识管理就是知识获取、知识创造、知识传播与应用、知识存储等活动过程。

（2）威格（Wiig）指出，知识管理主要包括四个方面：自上而下的检测，推动与知识有关的活动；创造和维护知识的基础设施；组织和转换知识；提升知识的使用价值。

（3）法拉普多（Frappuolo）认为知识管理具有外部化、内部化、中介化和认知化四种功能。其中外部化是指从外部获取知识，分别将其组织起来；内部化和中介化所关注的分别是显性知识和隐性知识的转移；认知化则是将上述三种功能获得的知识加以运用，是知识管理的最终目标。

（4）盖特纳（Getner）把知识管理定义为通过对企业组织能力的提升，成功地达到对企业信息的掌握、鉴别、检索、分享与评价。

知识管理不再是传统上对人的管理，而是更倾向于知识的分享、信息的传递、组织的学习、智力资本以及绩效的管理，其最终目的就是提升组织的绩效和核心竞争力。

5.2.2　知识管理发展阶段[②]

知识管理的发展经历了两个主要阶段：以信息为中心的知识管理阶段和以人力资源为中心的人力资本理论阶段。这两阶段分别造就了第一代和第二代知识管理理论。

第一代知识管理理论主要包括经典战略管理理论、竞争战略理论、核心竞争

---

① 蔡丰海. 教师知识管理：内涵与应用[J]. 当代教育科学, 2008(9): 41-43.
② 储节旺, 郭春侠. 知识管理理论的发展渊源与构成[J]. 情报资料工作, 2007(3): 14-18.

理论和信息管理理论，内容主要围绕如何收集处理信息以构建核心竞争力，保持战略竞争优势。因此，第一代知识管理主要以信息管理为中心，对知识的管理基本上限于显性知识，知识管理的方法和技术也基本上沿用信息管理的方法和技术。

第二代知识管理的概念是由 IBM 知识管理咨询公司的主要负责人 McElroy 在《第二代知识管理》一文中明确提出的。

第二代知识管理又出现了四大理论：人力资本理论、生命周期理论、嵌套知识管理理论和复杂性理论，其中最重要的是人力资本理论。

5.2.3 教师知识管理[①]

教师知识是教师从事教学活动所必须具备的智力资源和专业知识，它的丰富程度及运作情况直接决定着教师业务水平。教师知识既是大众化的，又是有着鲜明个性的，因为它依赖于教师的经验背景，直接来源于教师的实践活动，在教学中体现为一些知识形态、价值观念和智慧技能。教师个体在具体教学过程中对教师知识的重新认知与自主建构就形成了教师个人知识，它将自主建构的实践知识与公共的理论知识融为一体，具有个体性、实践性、情境性、内隐性、层次性、多样性、稳定性等多个特征。教师个人知识在教师工作中发挥着不可替代的作用，是教师专业发展的知识基础和关键因素，因此，对于教师个人知识的管理也就相当重要。

1. 教师个人知识管理的内涵

教师知识可分为显性知识和隐性知识。显性知识指的是能够明确陈述和反思的知识，它既可以通过书籍、文字、数据库等编码方式来传播和学习，又可以通过文件、形象或其他精确的沟通过程来传授。隐性知识指的是存在于人脑中、难以正规化、难以沟通的知识，它只能依赖于自身的体验和洞察力得到。教师个人显性知识包括学科知识、课程知识、教学法知识、教育目标与价值等，一般通过阅读或听讲座获得。教师个人隐性知识是内在的、难以言传的，包括以隐性的控制方式对学生管理的技能与知识、教学机制方面的技能与知识、教师个人的科研方法与治学策略等。它源于教师的专业工作，具有较高的情境适应力，对教师的

---

① 郝丽. 教师个人知识管理探微[J]. 教育与职业, 2010(20): 37-38.

教育实践具有实质的应用价值。教师个人知识管理涉及创建、分类、索引、检索、分发以及重新使用某项知识的价值评估等方面。其中，检索信息的技能、评估信息的技能、组织信息的技能、分析信息的技能、表达信息的技能、保证信息安全的技能和信息协同的技能等 7 项知识管理技能是教师所必需的。

2. 教师个人知识管理的特点

1）显性知识易于收集和分类管理，部分内容重复利用价值高

美国学者舒尔曼（Schulman）把教师必备的知识分为七大类：学科内容知识、一般教学法知识、课程知识、学科教学知识、有关学生及学生特性的知识、教育环境脉络的知识、教育目标及其哲学与历史渊源的知识。教师个人的显性知识可以如此分类，简单易行。其中，由于学科内容知识、课程知识、学科教学知识相对稳定，相同课程的教案和教学课件可以重复利用，互相参考，保存价值比较高。

2）教师个人知识管理的主要对象是隐性知识

教育行业作为一个特殊的行业，在这个领域，更多的知识以隐性知识的形式存在。教师的专业化发展非常注重在实际的教学情境中通过教学实践来积累经验。而这些实践经验是个性的，内化于教师个人的知识框架中，不宜用言语表达，也不容易传播和扩散。因此，这些经验属于教师的隐性知识。教师的隐性知识是教师从事教学工作所必须具备的智力资源之一，对教师来说，他的隐性知识的丰富程度以及对其利用的情况直接决定了其专业水准。基于其重要性，教师隐性知识成为教师个人知识管理的核心对象。

3）教师个人知识管理的重点是隐性知识的显性化

既然教师个人知识管理的核心对象是隐性知识，而隐性知识又是存在于教师头脑中难以表述的知识，教师要挖掘自身的隐性知识，并学习和利用其他教师的隐性知识，最重要的一点就是隐性知识的显性化。隐性知识的显性化，就是个人的实践性知识向公众的专业性知识转化，这是一个不断进行的循环往复螺旋式上升的过程。

5.2.4 知识管理的 SECI 模型

知识管理理论将知识分为显性知识和隐性知识，其中显性知识是通过语言、

文字、符号、图像等形式可以交流的知识，可以借助纸质材料或数字设备存储，供人们查阅学习，如自然原理和科学知识等；隐性知识是人们在长期的实践经验中积累的知识，不宜言传或系统表述，就是所谓的"只可意会不可言传"。有研究把显性知识比喻为浮出水面的冰山一角，把隐性知识比喻为水下的冰山，可见在人们的知识构成中隐性知识占据了很大一部分。知识管理的目的就是让隐性知识和显性知识之间形成良好的转化，实现知识的创新。

关于显性知识和隐性知识间转化的研究，目前比较认同的是日本学者野中郁次郎提出的 SECI 模型，如图 5-1 所示。

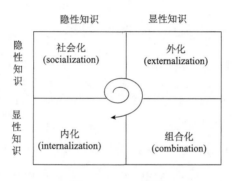

图 5-1 SECI 模型

在模型中，社会化是指隐性知识和隐性知识间的转化，通过观察、模仿、亲身实践等方式转化；外化是隐性知识向显性知识转化，通过言语、符号、类比等显性化的表达方式转化；组合化是指显性知识和显性知识的组合，通过借鉴、利用，变为更复杂的显性知识；内化是指组合后复杂的显性知识通过吸收、消化变为隐性知识的过程。在以上四种转化中，社会化是转化的起点，知识创造主要体现在社会化和外化，而应用主要体现在组合化和内化中。一次完整的转化过程意味着知识的增值，可见知识管理是一个动态的过程。成功的知识管理，必须不断高效地挖掘大脑深处的隐性知识，并且将其显性化，为保证挖掘的高效性必须注重积累、共享、交流；在知识管理过程中尽可能充分使用各类能帮助知识管理的工具和技术，如新媒体技术、思维导图等以更快更好地完成知识管理。

中学教师的非正式学习是教师获取、分享、运用和创新知识的一个连续过程，目的是促进教师的专业发展。以知识管理理论为指导探讨"互联网+"环境下中学教师的非正式学习，会对其学习过程的研究带来一个崭新的视角，促使教师个人的隐性知识转化为显性知识，再转化为隐性知识，实现教师的知识螺旋上升。在新媒体技术稳定快速发展的今天，中学教师的非正式学习一定要借助新媒体工具，利用工作生活中的碎片化时间，积累大量丰富的隐性知识，为促进知识的转化创新做好准备；在学习过程中借助微信、QQ 等与同一领域的教育工作者或专家进行交流、共享，学习别人的思想精华，反思自身的学习所得，促进知识的顺利转化，实现知识的创新；对学习过程中获取的零散知识，选用某一新媒体（如微博等）进行分门别类的整理后存储，形成网状联系的集合体，使其知识体系趋于完善，促进知识的组合化和内化。

5.3　情境学习理论

5.3.1　情境学习的概念

情境学习（situated learning）是由美国学者莱夫（Lave）和温格（Wenger）于 1990 年提出的一种学习方式。

麦基罗（Mezirow）指出，学习是发生在真实世界中的，它有着复杂的机构性、人际性和历史性背景。布朗（Brown）等认为，知识要受到它所使用的活动、情境以及文化的基本影响，因而知识应该是情境性的。[①]

5.3.2　情境学习理论的发展[②]

1. 早期研究阶段（20 世纪初）

早在 20 世纪初，杜威就提出要把情境学习运用在课堂教学中，他认为："生活是真正的教育家，而学生求学的地方却成为世界上最难取得实际经验的地方。要把社会搬到学校和课堂中。"学校环境应该是一种如家庭、工作等与学生生活相关的环境，能够促进学生学习和成长，获得实际经验。杜威在晚年时总结道："教育是以经验为内容，通过经验，为了经验的目的；从做中学，从经验中学；教育即生活，教育即经验的改组与改造。"学习来自于经验，教育要从学生的实际生活经验出发，学生在这种生活经验中开展学习。杜威的这些观点使人们开始关注情

---

① 冯红霞, 李金. 基于成人情境学习的成人教师角色定位[J]. 河北大学成人教育学院学报, 2016(1): 26-30.
② 陈秋怡. 情境学习理论文献综述[J]. 基础教育研究, 2016(19): 38-41.

境在教育以及学生成长中的作用。

1929 年，怀特海在其著作《教育的目的》中提出"惰性知识"这一概念，他认为："在无背景的情境下获得的知识，经常是惰性的和不具备实践作用的。"学生在学校中学到的知识仅仅是为考试做准备，不具备实践应用价值，学生并不能对所学的知识灵活运用。因此学校应该从相关的或真实的情境中传授知识。

2. 理论体系初步形成阶段（20 世纪 80 年代末～90 年代初）

1987 年，瑞兹尼克发表演讲《学校内外的学习》，认为校内的学习更注重知识和技能的习得，常常运用抽象的推理；校外的学习更注重实践性能力的习得，常常运用情境化的推理。

1989 年，布朗、柯林斯和杜吉德从心理学视角对情境学习进行研究，发表论文《情境认知与学习文化》，该文指出："知识与活动是不可分的，知识在活动中，在其丰富的情境中，不断地被运用和发展，知识具有情境性。"他们强调了学习与认知的情境本质，强调了学校教学运用情境化活动的重要性，从心理学视角开始关注在学校这个情境下通过参与活动来获得知识。

1991 年，莱夫和温格从人类学的视角对情境学习进行研究，出版著作《情境学习：合法的边缘性参与》，该书提出了情境学习理论的三个核心概念，即实践共同体、合法的边缘性参与以及学徒制。他们强调学习不是把抽象的、去情境化的知识从一个人传递给另一个人，学习是渗透在一个特定的情境即特定的社会和自然环境之中，学与用要结合起来，从人类学视角开始关注在社会这个大情境下获得知识，而非仅仅从学校中获得知识。

3. 理论发展阶段（1993 年至今）

1993 年，格里诺和穆尔提出了情境性在所有认知活动中都是根本性的。在他们看来，理解的获得远远不及学习的内涵，学习包含着建立一个"对他们在其中使用工具的世界，和对工具本身进行日益丰富的内在的理解"，这个理解是由在其中学习和应用这种理解的情境促成的。

1996 年，麦克莱伦出版论文集《情境学习的观点》，这是情境学习理论研究的阶段性成果。该论文集从不同层面为读者展示了情境学习理论和实践研究，在情境学习与课堂教学、情境学习与计算机、情境学习的评价、案例研究与开发等方面有了进一步的发展。除此之外，有关情境学习理论和实践研究开始渗透到基础教育、高等教育、远程教育、网络教育等各个领域。

从 20 世纪 90 年代中期开始，随着情境学习网络平台的搭建，Center for Occupational Research and Development 等学术团体的兴起和 School-To-Work 等运动的推动，情境学习成为美国教育界最热门的话题之一。情境学习理论不断得到发展和完善，日趋成熟和丰富，在实践领域也进行了大量的探索，出现了如situatedness（情境化）、situativity（情境性）等约定俗成的新词汇。

5.3.3　情境学习理论的基本观点[①]

情境学习理论将个体、社会以及环境等置于统一的整体中来考虑，对学习进行重新界定，在学习的实质、学习的内容、学习的方式等诸多方面都与认知取向有所不同。

1）学习的实质

情境学习理论认为，学习的实质是个体参与实践，与他人、环境等相互作用的过程，是形成参与实践活动的能力、提高社会化水平的过程。学习更多的是发生在社会环境中的一种活动。情境学习理论的哲学思想是多元论或转换论，认为个体与系统相互作用，共同构成动态的整体或系统，而个体的心理活动以及环境等都是该系统的构成成分。个体的学习活动实际上是个体主动参与实际活动、与环境保持动态适应的一种活动。学习结果的产生既不是由个体或环境某个单一方面决定的，也不是个体对外部客观世界的被动反映。总之，情境学习理论认为，个体参与实践活动、与环境相互作用是学习得以发生的根本机制，个体的心理活动与物理环境和社会环境是互动的、不可分割的。

2）学习的内容

情境学习理论认为，只有围绕着促进实践能力的形成、加速个体社会化进程的核心目标来探讨学习内容的问题，才能真正使个体学有所成，学以致用。具体说来，有如下五点：

（1）就学习者个体而言，学习的根本标志就是越来越容易地、有成效地参与

---

① 梁好翠. 情境学习理论及其教学涵义[J]. 广西社会科学, 2004(12): 175-177.

团体实践活动，学习是一个不断增长其实践能力、不断社会化的过程；

（2）学习都以形成个体参与实践活动的能力，并以在实践活动中为所在团体做出自己的贡献为根本目的；

（3）实践能力主要表现在与物理环境和社会环境都能进行有效的互动；

（4）有效的互动既需要一般的认知能力与态度倾向，也需要协作、讨论、交流等社会交往能力与态度倾向；

（5）个体在长期与环境的有效互动过程中掌握知识、发展能力、形成价值观念，成为学习共同体的成员，加速了个体的社会化进程。

3）学习的途径和方法

情境学习理论认为，脱离个体生活的真实环境来讨论学习或能力是毫无意义的，个体与环境的相互作用是形成能力以及社会化的必要途径，其中，个体与特定的社会团体之间的相互作用是学习途径和方法的核心所在。这个社会团体实质上就是学习共同体。学习共同体的每一个成员都具有共同的文化背景、目标、信念和实践活动。个体在参与学习共同体的实践活动中，通过各种直接或间接的方式传递学习共同体的经验与社会规范，使个体不断地建构实践能力，建构自己在学习共同体中的身份与关系。反过来，个体作为学习共同体中的一个成员，塑造和发展着学习共同体。通过这种持续、循环的作用，个体与学习共同体不断地发展和进步。

5.4 自主学习理论

5.4.1 自主学习的概念[①]

关于自主学习的概念，国内外学者说法不一，在国内大致可分为以下三类：第一类认为自主学习就是一种学习方式或学习模式。由学生自己管理自己的学习就是自主学习，它不是由教师和学生家长来掌控学习的，它是一种相对独立的学习方式。第二类认为自主学习的含义应包括以下两项：一是主导学习的内在机制，它由学习者的学习态度、学习能力和学习策略等因素构成；二是自我控制权，指学习者本人掌控学习目标、学习内容、学习方法及学习资源的运用。第三类是以

---

① 吴振兰. 自主学习理论概述[J]. 智库时代, 2017(12): 245-249.

庞国维为代表的学者认为可以从学习的维度和过程来给自主学习下定义。

从学习维度的角度看，自主学习的本质是由学习的各个环节综合决定的，即若学生本人对学习的诸多方面因素都能主动地做出选择和控制，那么其学习就应当是自主的；相反，若学生对学习的诸多方面因素完全依赖于教师或家长的指导、调节和控制，那么其学习就不算是自主的。

从学习过程的角度看，自主学习的本质应该由整个学习活动的过程来决定，即若学生本人在其学习活动开始之前能独立且主动地制定学习目标、学习计划并进行相关的学习准备，而且能在学习过程中对学习发展进程、方法进行自我监督、自我反思和自我调整，在学习活动完成后可独立对学习结果进行自我检测、自我小结、自我评判和自我完善，那么其学习活动就是自主的。相反，在整个学习过程中，如果学生的学习活动完全依赖于家人或教师的指导、监管和调控，那么其学习活动就不应该是自主的，而是被动的。

国外的学者则主张自主学习是一种主动的、构建性的学习。例如，美国的教育心理学家 Zimmerman、Bonner、Kovach 等认为自主学习是指学习者进行自我调节的学习过程，指出如果学习者是元认知、动机、行为这三个方面因素的积极的参与者，那么可推断出其学习就是自主的。

总之，可以把自主学习（self-regulated learning）定义为学习者自觉确立学习目标，自主制订学习计划，自由选择学习方式、方法和学习环境，监控自己学习过程，评价最终学习效果的能力，这种能力不仅使得学生在学校的学习中受益匪浅，而且为其终身学习奠定了坚实的心理基础，养成了受益终身的良好学习习惯。

5.4.2　自主学习的特征[①]

由于人们对自主学习理论的立场和所下的定义不同，对自主学习的特征描述也存在差异。Zimmerman 认为自主学习者有三个特点：具有较强的元认知、动机和行为等方面的自我调节策略的运用；能够监控自己的学习方法或策略的效果，并根据这些反馈反复调整自己的学习活动；知道何时、如何使用某种特定的学习策略，或者做出合适的反应。Paris 认为自主学习者具有 7 个显著的特点：选择自己的学习目标，朝着自己的学习目标努力；给自己设置有挑战性的目标，然后最

---

① 周炎根. 国内外自主学习理论研究综述[J]. 合肥师范学院学报, 2007(1): 100-104.

大限度地发挥自己的潜能,努力追求成功,但是也能容忍失败;知道如何使用课堂中的学习资源,可以自如地调控自己的学习;能够很好地与他人进行合作学习;重视意义的建构,注重学习中的创造性;具有较高的学习自信心和自我责任感;根据预定的学习标准和学习时间,自己管理学习进程,评价学习表现。Pintrich 认为,自主学习者具有 4 个方面的特征:对他人提供给自己的信息做出更加积极的反应,在学习的过程中主动地创设学习策略、目标和意义;能够正视由个体差异、情境、生理给自己带来的局限,监控和调节自己的学习行为;能够根据目标和标准来评估自己的学习效果,必要时会对学习目标和标准进行调整;能够利用自我调节过程来调节外部情境和自身特征所产生的影响,以便于提高学业成绩,改善学习表现。

自主学习具有主体性、能动性、独立性、创新性等特征。主体性,即自主学习贯彻"以学习者为中心"的教育思想,强调教师在自主学习中不再是知识的传授者,而是教学内容、教学过程、教学活动的组织者、参与者。能动性,即自主学习有别于各种形式的他主学习,自主学习把学习建立在人的能动性上,它是以尊重、信任、发挥人的能动性和主动性为前提的。独立性,即自主学习把学习建立在人的独立性方面,要求学生摆脱对教师的依赖,独立开展学习活动,自行解决现有发展区域和最近发展区域的问题。创新性,即学习者能独立、自主、开放性地学习,学习实践中勤于思考、多向思维,注意吸纳和借鉴他人经验,融合自身已有知识,超越以往经验,创造性地解决问题。

5.4.3 自主学习理论的基本观点[①]

1)自主学习的操作主义观

以斯金纳为代表的操作主义学派认为,自主学习本质上是一种操作性行为,它是基于外部奖赏或惩罚而做出的一种应答性反应。自主学习包含三个子过程:自我监控、自我指导、自我强化。自我监控是指学生针对自己的学习过程所进行的一种观察、审视和评价;自我指导是指学生采取致使学习趋向学习结果的行为,包括制订学习计划、选择适当的学习方法、组织学习环境等;自我强化是指学生根据学习结果对自己做出奖赏或惩罚,以利于积极的学习得以维持或促进的过程。

---

① 周炎根. 国内外自主学习理论研究综述[J]. 合肥师范学院学报, 2007(1): 100-104.

2）自主学习的人本主义观

20 世纪 80 年代以后，一些人本主义心理学家对自主学习的内在心理机制作了系统、深入的分析。McCombs 认为，自主学习是个体自我系统发展的必然结果，自主学习受自我系统的结构和过程的制约。影响自主学习的过程包括计划、设置目标、选择学习策略、自我监控和自我评价等，这些自我过程的发展水平直接影响自主学习过程的质量。自主学习一般遵循三个步骤：设置目标；制订计划和选择学习策略；行为执行和评价。

3）自主学习的信息加工观

自主学习的信息加工理论是以加拿大心理学家 Winne 为代表的一些研究者提出的，该理论用信息加工的控制论来解释自主学习。它认为自主学习依赖于一种循环反馈回路。个体获得的信息首先要根据预设的标准进行检验。如果匹配不充分，就要对信息进行改变或转换，然后进行检测，这样反复进行直到信息符合检验的标准。如果达到标准，就以信息输出的形式退出。

4）自主学习的社会认知观

以班杜拉为代表的社会学习理论从行为、环境、个体的内在因素三者之间的交互作用来解释自主学习。该理论认为，自主学习本质上是学生基于学习行为的预期、计划与行为现实之间的对比、评价来对学习进行调节和控制的过程。自主学习包括三个具体的过程：自我观察、自我判断、自我反应。自我观察是指学生对自己的学习行为的观察和了解，自我判断是将观察到的学习结果与学习标准相比较而做出的判断和评价，自我反应是基于对学习的自我判断和评价而产生的内心体验或行为表现。

5）自主学习的自主意志观

自主学习的意志理论是由德国心理学家 Kuhl 和美国心理学家 Corno 等提出的。这一理论认为学生的自主学习实际上是一种意志控制过程，强调学习者作为主体的一面，是行为活动的执行者。Corno 将自主学习过程分为内隐的自我控制（包括认知监控、情绪监控与动机监控）和外显的自我控制（包括学习环境中的事物控制与任务控制）。

6）自主学习的言语指导观

以维果茨基为代表的维列鲁学派认为，自主学习本质上是一种言语的自我指导过程，是个体利用内部言语主动调节自己学习的过程。他们把儿童的言语发展分为外部言语、自我中心言语、内部言语三个由低到高的阶段，并指出就儿童的学习活动来说，在外部言语阶段主要由外界的社会成员的言语来指导和控制，在自我中心言语阶段主要靠他们对自己的出声言语即自我中心的言语来调节，而在内部言语阶段主要由他们的不出声的内部言语来指导和控制，因此自主学习实际上是儿童言语内化的结果。

7）自主学习的认知建构主义观

以弗拉维尔为代表的认知建构主义学派认为，自主学习实际上是元认知监控的学习，是学生根据自己的学习能力、学习任务的要求，积极主动地调整学习策略和努力程度的过程。自主学习要求个体对为什么学习、能否学习、学习什么、如何学习等问题有自觉的意识和反应。该理论还认为，自主学习能力的形成在很大程度上受课堂教学方法的制约。他们主张采用三种教学方法促进学生的自主学习：一是直接的教学；二是采用同伴辅导和学习问题讨论等方法，帮助儿童建构自主学习理论；三是开展合作学习，让学生在学习的合作中交流学习经验，丰富自己的学习理论。

第6章 "互联网+"环境下甘肃省民族地区中学教师非正式学习调查分析

6.1 调 查 设 计

6.1.1 调查目的

本书主要通过问卷调查和访谈，对甘肃省民族地区中学教师在"互联网+"大背景下的非正式学习现状进行实地调查、研究，目的是通过数据分析，了解教师基于专业能力提升和个人发展的非正式学习的现状，分析并总结出学习中存在的问题，提出针对甘肃省民族地区中学教师的提升学习效果的策略，促使教师通过自身努力，发展为专家型教师，提升当地教师质量，使当地中学生接受更好的教育，促进民族地区教育的全面、健康、可持续的发展。

6.1.2 调查对象

本书选取甘肃省临夏州部分中学教师为调查对象，临夏州所管辖 7 个县和 1 个县级市，共 8 个地区，少数民族人口占总人口的 59.2%，经济发展滞后，生活条件差。在调查对象的选取上采用分层随机抽样法，根据统计学相关抽样公式计算，最终确定 430 名中学教师为问卷调查对象。

访谈对象是从 430 名教师中选取的 15 名教师，其中男性教师 7 名，女性教师 8 名，在选取访谈对象时尽可能顾及年龄、教龄、职称和教授科目。

6.1.3 调查方法

调查主要采用自编问卷《"互联网+"环境下临夏地区中学教师非正式学习情况调查问卷》，问卷采用实地发放形式，利用教师开会或教研活动等集中时间发放，在填写前简要说明问卷的用途和调查目的，填写后统一回收，利用 SPSS 软件进行数据统计处理，绘制图表，分析存在的问题。

调查中采用半结构式访谈为辅助形式，虽然问卷调查获得的资料比较客观，但是一些细节性的资料会因为选项的局限而丢失。访谈法更能深入获取较为详细而直接的关于所研究问题的现状及存在的问题，所以为了更加全面调查、全方位深入地了解研究问题，采用访谈为调查的辅助形式，问卷法和访谈法相结合，取长补短，共同为调查研究服务。

6.1.4 调查问卷和访谈提纲的设计

1. 调查问卷的设计

由于目前还没有比较成熟的涉及本书的相关问卷，关于调查的维度也没有形成统一的定论，所以本书的问卷采用自行编制问卷。问卷编制主要以文献分析为理论指导，以整理和分析的非正式学习影响因素为基础。在编制的过程中，参考相关问卷的同时多次征求专家和临夏地区中学教师的意见，编制了原始问卷。为了使问卷的结构更加合理，请3位专家和10名中学教师进行了审定与评定，对部分不符合调查目的和表述有问题的题目进行了修改与删除，共剩余35道题目定为初步问卷。为了能使问卷高效地达到调查目的，对初步问卷初测后，再次修改和删除了部分问题，形成最终的正式问卷。

本问卷具体由两部分组成，第一部分为被试的基本信息，主要有民族、性别、年龄、学历、职称、教龄和教授科目等，主要目的是保证样本结构的合理性；第二部分为调查内容，从三个维度进行了对被试的调查，具体见图6-1。

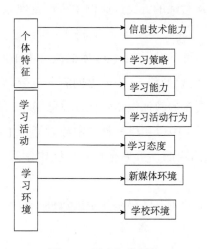

图 6-1 调查问卷框架

2. 访谈提纲的设计

访谈的目的是更加深入地了解"互联网+"环境下临夏地区中学教师非正式学习的现状，以弥补问卷调查的不足。在访谈提纲设计中，前后通过环环相扣尽最大可能挖掘出问题。提纲设计中依然以文献综述为理论指导，以整理分析的影响因素为基础。在初步设计完成后，对 3 名被试进行了前期访谈，修改和删除了部分不适合此次访谈的题目，确定了 10 道题目为最终的访谈题。

6.2　调查结果分析

6.2.1　问卷结果分析

1. 样本构成

本书共选取临夏州七县一市的 430 名教师参与调查，剔除不合格的问卷，最终有效问卷 394 份，其有效率为 91.63%。在样本选取中尽量兼顾民族、性别、最高学历、年龄、职称、教龄和教授科目等的分布，保证受访者的全面覆盖性，以便获取的资料更加全面，调查对象的基本情况如表 6-1 所示。

从表 6-1 中可以看出，女教师数量略多于男教师，但男女教师所占的比例大体相当，近似于 1∶1。从教师的各民族比例中可以发现除了汉族，少数民族教师也占有一定比例。

在教师的年龄分布中可以发现 31～40 岁的教师占 1/2，20～30 岁的年轻教师也比较多，而 41～50 岁的教师和 50 岁以上的教师较少，说明调查对象的年龄分布比较全面，但是接受调查的教师偏年轻化。从教龄中可以发现接受调查的教师教龄分布较全面。调查对象中以初级教师和中级教师为主，占据 85%，而未评级教师和高级教师所占比例较低，可见在临夏地区中学教师中高学历和高级教师较少。

调查中几乎涵盖了中学所有学科，其中语数外三科教师占据了前三位。

2. 描述性统计分析

1）教师个体特征方面

学习者是学习过程中的主体，学习者的个体特征会直接影响学习效果，临夏州中学教师作为教学的主体，同时从个人角度看，又是学习的主体，其个体特征具体表现如何呢？本节从地区信息技术能力、学习能力等方面对研究对象的个体特征展开调查。

表 6-1　调查对象的基本情况

项目		频数	百分比/%	项目		频数	百分比/%
性别	男	183	46.45	民族	汉族	293	74.74
	女	211	53.55		回族	43	10.97
学历	大专及以下	37	9.39		东乡族	10	2.55
	本科	355	90.10		藏族	15	3.83
	研究生	2	0.51		土族	27	6.89
学科	语文	73	18.53		保安族	2	0.51
	数学	78	19.80		撒拉族	2	0.51
	英语	77	19.54	年龄	20～30 岁	109	27.66
	物理	30	7.61		31～40 岁	198	50.25
	化学	20	5.08		41～50 岁	75	19.04
	生物	12	3.05		51 岁以上	12	3.05
	历史	28	7.11	教龄	5 年以内	79	20.05
	地理	13	3.30		6～10 年	125	31.73
	音乐	8	2.03		11～15 年	95	24.11
	美术	8	2.03		16 年以上	95	24.11
	政治	27	6.85	职称	未评级教师	38	9.64
	体育	13	3.30		初级教师	187	47.46
	信息技术	7	1.78		中级教师	149	37.82
					高级教师	20	5.08

（1）信息技术能力。

在"互联网+"环境下的非正式学习中，新媒体和信息技术是一种学习支撑工具，为非正式学习提供了丰富的学习资源、便利的学习环境，由前面论述可以知道，在"互联网+"环境下教师进行非正式学习有着诸多优势。为使非正式学习顺利进行并取得良好的学习效果，首要条件是具备良好的信息技术能力。信息技术能力分析如表 6-2 所示。

表 6-2   信息技术能力分析

项目		甄别信息能力	管理信息能力	抵御干扰信息能力
N	有效	394	394	394
	缺失	0	0	0
均值		2.96	2.84	2.53
极小值		1	1	1
极大值		5	5	5

从表 6-2 中可以看出，临夏地区中学教师的信息技术能力从总体上看不太乐观，三项调查的均值均在 2.5～3 浮动。从均值反映出抵御干扰信息能力比较强（2.53），其次是管理信息能力（2.84），最后是甄别信息能力（2.96）。

随着工作学习生活中的各种需要的增加和互联网技术的快速发展，人所面临的信息资源犹如浩瀚的海洋，有效获取信息、甄别信息的能力显得尤为重要，也是保证学习效果的关键。但从表 6-3 中看出，甄别信息能力非常强和比较强的分别占 4.6%和 34.0%，合计为 38.6%的教师的甄别信息能力比较强，37.6%的教师能力不强，只有 1.0%的教师能力非常不强，也就是 38.6%的教师甄别信息能力比较弱。有趣的是，甄别信息能力强和甄别信息能力弱的分别占据了两个大头，都是 38.6%，能力一般的为 22.8%。

表 6-3   甄别信息能力

项目		频数	百分比/%	有效百分比/%	累计百分比/%
有效	非常强	18	4.6	4.6	4.6
	比较强	134	34.0	34.0	38.6
	一般	90	22.8	22.8	61.4
	不强	148	37.6	37.6	99.0
	非常不强	4	1.0	1.0	100.0
	合计	394	100.0	100.0	

在访谈中，有教师表示在学校组织的培训中也经常涉及信息技术能力，但把培训所学应用到实际工作中还是困难重重。

　　学习的最终目标是将获取信息转化为学习者自己所拥有的知识，所以信息的有效存储可以促进知识的转化。从表 6-4 中可以看出，高达 62.2%的教师认为自己的管理信息能力一般，12.5%的教师认为这方面能力比较弱，而管理信息能力非常强的老师只占了 3.0%，比较强的只占了 22.3%。说明大部分教师能存储信息，但是管理信息能力不太强，有待提高。

表6-4　管理信息能力

	项目	频数	百分比/%	有效百分比/%	累计百分比/%
有效	非常强	12	3.0	3.0	3.0
	比较强	88	22.3	22.3	25.4
	一般	245	62.2	62.2	87.6
	不强	48	12.2	12.2	99.7
	非常不强	1	0.3	0.3	100.0
	合计	394	100.0	100.0	

　　书籍阅读中很少能有其他信息的干扰，而在网络世界则不同，在浏览学习中会时不时地弹出新的内容或广告、出现其他信息的链接等，都会很大程度上影响学习的进程。从问卷调查数据（表 6-5）可以看出，超过 1/2 的教师还是能抵御干扰信息，41.9%的教师抵御干扰信息能力一般，而仅有 9.1%的教师抵御干扰信息能力比较差。大部分教师能抵御干扰信息，毕竟都是有文化、有思想、会判断的人，但是抵御干扰信息能力不理想，总体上看，抵御干扰信息能力还需进一步提高。

表6-5　抵御干扰信息能力

	项目	频数	百分比/%	有效百分比/%	累计百分比/%
有效	非常强	31	7.9	7.9	7.9
	比较强	162	41.1	41.1	49.0
	一般	165	41.9	41.9	90.9
	不太强	34	8.6	8.6	99.5
	非常不强	2	0.5	0.5	100.0
	合计	394	100.0	100.0	

（2）学习能力。

学习能力是学习过程中的方法、技巧，并把这些学习经验逐渐累积的能力，不是学习到的具体知识。学习能力在个人发展中起着极强的作用，某种程度上可以说，学习能力决定了一个人的未来，学习能力在非正式学习中的作用更为突出。因为在非正式学习中没有指导者，靠的是学习者的学习能力，只有强大的学习能力，才能快捷高效地获取有效信息，并快速转化为自身的知识和能力。教师的学习能力如表 6-6 所示。

表 6-6　教师的学习能力

项目		方法与技巧	经验积累能力
N	有效	394	394
	缺失	0	0
均值		2.64	2.71
极小值		1	1
极大值		5	5

本节通过两个方面对临夏地区中学教师在"互联网+"环境下的非正式学习能力进行调查。从表 6-6 中可以看出，教师的学习能力整体表现出中等水平，具体为借助新媒体技术学习的方法与技巧的熟练度的均值为 2.64，借助新媒体学习的经验积累能力的均值为 2.71。这说明调查中的教师都有一定的学习能力，但总体上看，学习能力都一般，显然，这种非正式学习的能力不足也是制约教师学习效果的一个主要方面。

学习方法与技巧是学习者在学习某一知识时能快速掌握知识的法宝，良好的方法与技巧有助于学习效率的提升，从而提升学习信心，增加学习动力。非正式学习是自主学习的学习形式，所以要更加讲究学习的方法与技巧，以提高学习效率。从表 6-7 中可以发现，借助新媒体技术学习的方法与技巧较熟练的教师占 41.4%，而几乎 1/2 的教师（47.7%）表示对此方法与技巧的熟练度一般，而不熟练的教师只占 10.9%。这也说明绝大多数教师懂得借助新媒体技术去获得学习的方法与技巧，只是熟练度还是不够。

表 6-7 借助新媒体技术学习的方法与技巧

	项目	频数	百分比/%	有效百分比/%	累计百分比/%
有效	非常熟练	22	5.6	5.6	5.6
	比较熟练	141	35.8	35.8	41.4
	一般	188	47.7	47.7	89.1
	不太熟练	41	10.4	10.4	99.5
	非常不熟练	2	0.5	0.5	100.0
	合计	394	100.0	100.0	

通过进一步的访谈了解到，多数教师比较年轻，掌握了一定程度的借助新媒体技术学习的方法与技巧，但对学习方法与技巧的累积和触类旁通还不够。

经验是在多次的实践中总结出来的一种知识或技能等。借助新媒体技术进行非正式学习的经验显得尤为宝贵。学习经验的积累不仅是在时间的推移中累积，更需要一种能力，能快速积累有价值的学习经验。表 6-8 中显示出只有 1/3 多一点（36.3%）的教师的学习经验积累能力比较强，而超过 1/2（51.0%）的教师的学习经验积累能力一般，还有 12.7%的教师的学习经验积累能力比较差。这说明，教师有一定的借助新媒体技术进行非正式学习的经验积累能力，但是强度还是不够。经验积累中经常性的交流共享会强化经验积累能力，但是从后面的调查和访谈中也发现，由于种种原因，教师参与交流和共享的力度还是不够，这也在一定程度上影响学习经验积累能力的发展。

表 6-8 借助新媒体技术学习的经验积累能力

	项目	频数	百分比/%	有效百分比/%	累计百分比/%
有效	非常强	24	6.1	6.1	6.1
	比较强	119	30.2	30.2	36.3
	一般	201	51.0	51.0	87.3
	不强	49	12.4	12.4	99.7
	非常不强	1	0.3	0.3	100.0
	合计	394	100.0	100.0	

2）学习活动方面

临夏地区的中学教师在"互联网+"环境下发生的非正式学习活动现状如何

呢？本节从学习态度和学习活动行为两个层面展开调查。

（1）学习态度。

学习态度是学习者个体对学习的一种准备状态，会影响学习的整个过程，即不同的学习态度导致不同的学习行为。临夏地区中学教师在"互联网+"环境下非正式学习的态度如何呢？问卷主要从对非正式学习和新媒体的了解度、重要性认识、愿意度等方面进行调查，结果如表6-9所示。

表6-9　学习态度

项目		非正式学习的了解度	新媒体的了解度	重要性认识	愿意度
N	有效	394	394	394	394
	缺失	0	0	0	0
均值		2.84	2.55	2.34	2.35
标准差		0.897	0.744	0.721	0.802
极小值		1	1	1	1
极大值		5	5	5	5

从表6-9中的均值反映出，临夏地区中学教师整体上对非正式学习的了解度较低（2.84），对新媒体的了解度中等（2.55），重要性认识和愿意度的均值均在2.3以上，说明教师整体上已认识到"互联网+"时代新媒体作为技术手段对非正式学习的重要性，也愿意占用自己的时间进行学习。但是从标准差可以看出，对于在占用自身时间学习的愿意度方面，教师的选择差别也比较大（0.802），标准差越大，表明数据的分布越分散。临夏地区近年来正在加快发展的步伐，教育方面也在尽最大可能与先进理念接轨，但由于各种条件限制，与南方或东部发达地区相比，接触先进理念的机会有限，导致教师普遍理解不深，整体上处于表面化的理解状态。

对于教师来说，"互联网+"环境下，基于新媒体的非正式学习相对于传统的学校学习、专业培训或阅读书籍等而言，是一个比较新的学习形式，所以在比较了解新媒体和非正式学习相关概念的情形下，才能游刃有余地学习。从表6-10中看出，只有5.6%的教师非常了解非正式学习，30.5%的教师了解一点，40.1%的教师停留在认识层面，而23.8%的教师不太了解或甚至没有听说过。从表6-11中发现，对新媒体非常了解的教师只占5.8%，处于比较了解状态的教师占42.1%，43.7%

的教师属于认识层面,只有 8.4%的教师对新媒体的了解甚少。

表 6-10　对非正式学习的了解度

项目		频数	百分比/%	有效百分比/%	累计百分比/%
有效	非常了解	22	5.6	5.6	5.6
	了解一点	120	30.5	30.5	36.0
	一般	158	40.1	40.1	76.1
	不太了解	86	21.8	21.8	98.0
	没听说过	8	2.0	2.0	100.0
	合计	394	100.0	100.0	

表 6-11　对新媒体的了解度

项目		频数	百分比/%	有效百分比/%	累计百分比/%
有效	非常了解	23	5.8	5.8	5.8
	比较了解	166	42.1	42.1	48.0
	一般	172	43.7	43.7	91.6
	不太了解	31	7.9	7.9	99.5
	非常不了解	2	0.5	0.5	100.0
	合计	394	100.0	100.0	

　　通过以上的分析可以发现,对非正式学习和新媒体,教师整体上有了一定的认识,但是深入了解的教师还比较少,大部分教师还是没有引起足够的重视。还有可能就是虽然教师从概念上对此不够了解,但是在平时工作生活中这种学习形式或许正在悄然发生,从后面关于学习活动行为的调查中也印证了这一猜测。

　　从定义形式来看,除了正规形式的学习以外的学习都属于非正式学习,可以说非正式学习自古以来就存在并在人的学习活动中占有重要的作用,近年来只是被更多学者关注研究并倡导。在如今快节奏的信息时代,非正式学习已成一种必然的选择,尤其是教师,肩负着国家的使命和重任。而"互联网+"是时代发展的必然产物,所以"互联网+"环境下的非正式学习对教师专业发展的重要性是不言而喻的。从表 6-12 可以看出,近 60%的教师已认识到非正式学习的重要性,而 36.5%的教师认为这种学习形式对专业发展的作用一般,还有 3.9%的教师认为不重要,说明还是有部分教师对非正式学习的重要性认识不深入,主要是受到信息技术能力、学习能力等因素的影响，在学习过程中受阻较大，直接导致了对非正式学习的重要性认识不足。

表 6-12　对基于"互联网+"的非正式学习的重要性认识

	项目	频数	百分比/%	有效百分比/%	累计百分比/%
有较	非常重要	41	10.4	10.4	10.4
	比较重要	194	49.2	49.2	59.6
	一般	144	36.5	36.5	96.2
	不重要	14	3.6	3.6	99.7
	非常不重要	1	0.3	0.3	100.0
	合计	394	100.0	100.0	

在学习中，学习者自身的内部动机比外部动机更具有推动作用。作为已走向工作岗位的教师，学习的自愿性显得尤为重要。从表 6-13 中反映出，在临夏地区，近 70%的中学教师表示愿意占用自身空闲时间，利用新媒体进行非正式学习，这表明大部分教师的愿意度还是比较乐观；20.3%的教师选择了"一般"，持无所谓态度，也就是如果此学习形式有吸引时会参与其中；只有 10.6%的教师表示不愿意。总体来说，临夏地区的中学教师的多数还是有比较强烈的学习意愿。

表 6-13　"互联网+"环境下教师非正式学习的愿意度

	项目	频数	百分比/%	有效百分比/%	累计百分比/%
有效	非常愿意	32	8.1	8.1	8.1
	比较愿意	240	60.9	60.9	69.0
	一般	80	20.3	20.3	89.3
	不愿意	38	9.6	9.6	99.0
	非常不愿意	4	1.0	1.0	100.0
	合计	394	100.0	100.0	

（2）学习活动行为。

通过以上分析发现临夏地区中学教师对基于"互联网+"环境下的新媒体及非正式学习的了解程度有限，但是部分教师表示愿意占用空闲时间进行业务方面的非正式学习。

那么，"互联网+"环境下，教师基于个人业务能力提高的非正式学习情况又是如何呢？本节通过新媒体使用频率、非正式学习方式、课程教学中的参考资料来源、教学疑问的解决途径及知识管理等方面进行调查。

对非正式学习中最常用的媒体调查时采用了可以多项选择的原则，对于选项中备选的新媒体是在前期对教师走访调查和问卷试测过程中确定的，尽最大可能包含教师日常所用的新媒体。从表 6-14 可以看出，394 名调查对象对列出的五类新媒体总勾选次数为 828 次。统计显示：选腾讯微博的教师占 39.1%，选 QQ 或微信等的教师占 69.0%，选人人网等的教师占 45.4%，选优酷、土豆等的教师占 31.7%，而选择部分 APP 软件的教师也占 24.9%。这说明教师使用的新媒体种类较为丰富，但最常用的是 QQ 或微信类、QQ 空间或朋友圈等。

表 6-14　非正式学习中常用的媒体

项目		响应		个案百分比/%
		N	百分比/%	
常用新媒体	腾讯微博等	154	18.6	39.1
	QQ 或微信等	272	32.9	69.0
	人人网等	179	21.6	45.4
	优酷、土豆等	125	15.1	31.7
	部分 APP 软件等	98	11.8	24.9
	总计	828	100.0	210.2

表 6-15 的统计显示：对选用的新媒体使用频率在每天数次的教师占 43.7%，每天一次的教师占 40.9%，两三天使用一次或每周使用一次的教师只占 15.5%。这说明大部分教师使用新媒体还是比较频繁的。从以上统计看到，多数教师在工作生活中较为频繁地使用新媒体，且在新媒体使用方面已达到了一定的广度。

表 6-15　常用新媒体的使用频率

项目		频数	百分比/%	有效百分比/%	累计百分比/%
有效	每天数次	172	43.7	43.7	43.7
	每天一次	161	40.9	40.9	84.5
	2～3 天一次	37	9.4	9.4	93.9
	每周一次	24	6.1	6.1	100.0
	合计	394	100.0	100.0	

从表 6-16 发现, 在选择最常用的非正式学习方式时, 高达 77.2% 的教师选择了借助计算机或手机网络进行学习, 借助专业书籍学习的教师占 12.9%, 看电视的教师只占 6.6%, 仅有 3.3% 的教师选择 "不学习"。

表 6-16　最常用的非正式学习方式

项目		频数	百分比/%	有效百分比/%	累计百分比/%
有效	专业书籍	51	12.9	12.9	12.9
	看电视	26	6.6	6.6	19.5
	计算机或手机网络	304	77.2	77.2	96.7
	不学习	13	3.3	3.3	100.0
	合计	394	100.0	100.0	

以上结果说明临夏地区中学教师也和其他地区的教师一样, 通过多种途径进行学习, 而网络是其最主要的学习方式, 虽然传统方式学习也是途径之一, 但是明显占的比例越来越小。另外, 也注意到, "吃老本" 完全不学习的教师所占的比例很小, 也表明多数教师在今天信息化时代, 都有紧迫感, 都有继续上进的想法, 而超过 3/4 的教师选择了网络进行基于业务提高的非正式学习, 这是一个非常好的现象。

教师除了传授知识技能, 还需要进行教育工作, 是古人所谓的 "传道授业解惑也"。尤其是当今社会, 信息来源广而丰富, 学生认知也在不断提高, 所以教师在工作生活中会面临很多问题。无论教学问题还是其他问题, 教师是怎样解决的呢? 表 6-17 通过两个复选题和一个单选题进行调查。

表 6-17　课程教学中的参考资料来源

项目		响应		个案百分比/%
		N	百分比/%	
教学参考来源	教学参考书	223	24.7	56.6
	图书馆资料	97	10.8	24.6
	手机网络资源	308	34.1	78.2
	计算机网络资源	167	18.5	42.4
	个人经验	107	11.9	27.2
	总计	902	100.0	228.9

表 6-17 的统计显示：教师课程教学中参考资料来源的五个选项被 394 个调查对象勾选了 902 次。统计发现，教师在课程教学中的参考资料来源依次是：手机网络资源（78.2%）、教学参考书（56.6%）、计算机网络资源（42.4%）、个人经验（27.2%）、图书馆资料（24.6%）。这说明在进行教学设计时教师主要参考手机网络资源、教学参考书、计算机网络资源。

教师参考资料的首要来源不是教学参考书而是网络，这表明，信息化时代，网络成为人们包括教师的最主要的信息来源，通过访谈发现出现这种选择的主要原因是手机和计算机提供的网络资源更新快，并且能根据不同需求准确查找；教学参考书虽然是专家经过详细研究编制，其准确性和参考价值较大，但由于缺乏灵活性和更新不及时，其过去的首要位置已经由网络所代替。另外，个人经验在教师教学中仍然占有一定的比例。如何充分利用教师的宝贵的教学经验，如何将教师的教学经验与"互联网+"理念结合起来，这是一个值得探讨的课题。

表 6-18 为关于教师教学遇到疑问时采取的解决途径，在备选的四个解决途径中，394 名调查对象共勾选了 916 次，从个案百分比发现，教师在教学中遇到问题的解决途径是：网络检索（66.0%）、请教同事（65.2%）、借助网络工具探讨（54.1%）、书籍查找（47.2%）。

表 6-18　教学疑问的解决途径

项目		响应		个案百分比/%
		N	百分比/%	
解决教学疑问	网络检索	260	28.4	66.0
	借助网络工具探讨	213	23.3	54.1
	请教同事	257	28.1	65.2
	书籍查找	186	20.3	47.2
	总计	916	100.0	232.5

以上数据表明，教师在遇到疑难问题采取的解决途径，优先考虑的是通过网络寻求问题的解决答案，超过了过去通常采用的向有经验教师请教的方式，即使进行业务探讨，也有超过 1/2 的教师习惯通过网络工具与网络上的人进行探讨。另外，值得注意的是，通过书籍查找资料依然是将近 1/2 教师采取的手段，这也表明，尽管网络改变了教师行为的很多方面，但是仍然有不少教师采用传统的方

式进行教学疑问的解决，图书馆或图书资料在教学中依然有不可替代的作用。临夏地区学校多居于山区，经济欠发达，人员居住相对而言比较分散，而图书馆等资源建设上也比较落后，而网络的快捷性正好可以低成本地弥补这一缺陷。

教师在工作、生活中遇到问题时求助网络的情况又是怎样的呢？通过表6-19的统计发现，经常性求助的教师不多，占20.8%；偶尔求助的教师有62.2%；求助甚少或者不求助的教师占17.0%。数据说明，大部分教师在遇到问题时会考虑求助网络，但经常性求助的人比较少，显然，首选的求助目标还是身边的人，但身边的人不是任何问题都能给出答案，当身边的人无法解答问题时才会考虑求助网络。

表6-19   解决问题中求助网络的行为

项目		频数	百分比/%	有效百分比/%	累计百分比/%
有效	经常性	82	20.8	20.8	20.8
	偶尔	245	62.2	62.2	83.0
	几乎不	54	13.7	13.7	96.7
	根本不	13	3.3	3.3	100.0
	合计	394	100.0	100.0	

通过以上分析发现，临夏地区中学教师在工作、生活中或多或少地、有意无意地在进行着各种各样的学习，这种学习可以是专业知识的学习，也可以是生活常识以及人生经验的学习，也就是非正式学习。随着信息技术尤其是移动互联网技术的快速发展，日常工作中，大部分教师借助手机或计算机网络来获取各种知识，进行各种形式的学习，多数教师已习惯这种学习方式，并愿意使用这种学习方式，但是受自身信息技术能力、学习能力以及环境等因素的限制，很多教师的基于网络的学习还处于尝试阶段。如果能在他们学习过程中给予准确地干预和指引，会使学习效果有很大提升。同时发现，很多教师在解决问题时不是一味选择网络，也会参考教学参考书或请教同事等，这也说明教师没有完全沉迷于网络，而是把网络作为一个学习工具，这是一个比较好的现象。

知识管理过程就是人类获取、分享、运用和创造知识的一种活动过程，在知识管理理论中将知识分为显性知识（易于交流表述类知识）和隐性知识（难于言传表述类知识）。教师获取各种信息，积累储备丰富的隐性知识；参与讨论并分享知识，反思学习获得，并将学习所得应用于工作生活中，促进了显性知识和隐性知识之间的相互转化，同时实现了知识的创新。

教师的非正式学习过程也就是知识管理的过程。整个过程中的行为主要有获取、交流、分享、反思、应用、存储等，那么教师在知识管理层面上的交流、分享和反思的学习行为如何呢？

从表 6-20 可知，在教师的知识管理层面上，教师在参与讨论、共享知识或见解和反思学习方面的情况都是不太理想，相对而言，均值反映出最好的是反思学习（均值为 1.99），其次是共享知识或见解（均值为 2.06），最后是参与讨论（均值为 2.20）。

表 6-20　教师的知识管理

项目		参与讨论	反思学习	共享知识或见解
N	有效	394	394	394
	缺失	0	0	0
均值		2.20	1.99	2.06
标准差		0.695	0.658	0.678
极小值		1	1	1
极大值		4	4	4

由表 6-21 可知，关于教师共享知识或见解，18.5%的教师经常共享知识或自己的见解，59.1%的教师偶尔共享知识或自己的见解，而 22.4%的教师几乎不或根本不共享知识或见解。

表 6-21　共享知识或见解

项目		频数	百分比/%	有效百分比/%	累计百分比/%
有效	经常性	73	18.5	18.5	18.5
	偶尔	233	59.1	59.1	77.7
	几乎不	81	20.6	20.6	98.2
	根本不	7	1.8	1.8	100.0
	合计	394	100.0	100.0	

由表 6-22 可知，关于教师的反思学习过程或效果，20.3%的教师对自己的学

习过程或效果经常进行反思，62.2%的教师表示偶尔对学习过程或效果进行反思，而 17.5%的教师几乎不或根本不反思学习过程或效果。

表 6-22　反思学习过程或效果

项目		频数	百分比/%	有效百分比/%	累计百分比/%
有效	经常性	80	20.3	20.3	20.3
	偶尔	245	62.2	62.2	82.5
	几乎不	62	15.7	15.7	98.2
	根本不	7	1.8	1.8	100.0
	合计	394	100.0	100.0	

由表 6-23 可知，关于教师主动参与讨论的情况，11.4%的教师经常参与讨论，62.4%的教师偶尔参与讨论，而 26.1%的教师几乎不或根本不参与讨论。

表 6-23　主动参与讨论

项目		频数	百分比/%	有效百分比/%	累计百分比/%
有效	经常性	45	11.4	11.4	11.4
	偶尔	246	62.4	62.4	73.9
	几乎不	84	21.3	21.3	95.2
	根本不	19	4.8	4.8	100.0
	合计	394	100.0	100.0	

从上面的统计发现，经常有参与讨论、共享知识或见解和反思学习行为的教师所占比例比较小，尤其是积极参与讨论的教师所占比例很小；约 3/5 的教师偶尔有这些学习行为；但是几乎不或根本不发生这些学习行为的教师占了一定的比例。总体上，教师普遍缺乏知识共享的理念，一方面是个人习惯问题；另一方面有知识是自己学来的，轻易教给别人自己会吃亏的感觉。教师无论个人行为还是学习结果的反思，总体上做得不够。反思能使人对自己有正确的认识，也是促使人快速进步的主要手段之一，显然在这点上，教师还需继续努力。在遇到问题时，参与讨论能使人思路受到启发，使人快速解决疑惑，在这点上，教师还需要进一步引导。

信息的获取、存储是对信息和知识的准备，只有在储备丰富的情形下，才能便于共享，在交流中便于调用各种所需信息，使储备信息被自己所用并最终转化为自身认识，有意义的共享能使人有更多机会参与交流，进而使反思更加深入、系统化，所以共享、交流、反思，都能为所存储在脑海中零散的隐性知识向显性知识的转化提供桥梁，更快地实现知识的吸收和创新，不会使零散知识随着时间而无所应用直至淡忘。但是从分析的整体情况来看，总体上都不太乐观，这是值得关注和重视的一个问题。

3）学习环境

学习环境是影响学习者学习效果的外部因素，有利于对学习内容主动有意义的建构，促进能力的发展。本节对临夏地区中学教师在"互联网+"环境下的非正式学习的学习环境从新媒体环境和学校环境两部分进行调查。

（1）新媒体环境。

新媒体是新技术支撑下出现的新型媒体形态，新媒体最大的特性是具有极强的交互性。以移动互联网为代表的新媒体环境是一种新型的环境，其没有时空的制约，可以零门槛地、完美地实现人机交互、人人交互。新媒体环境重新赋予了媒体的功能与价值，为教师的非正式学习带来了重大机遇，那么当前的新媒体环境是否适合进行非正式学习呢？本节从新媒体环境学习资源的质量和可信度以及学习资源的便利性等方面进行调查。

从表6-24的统计可以看出，从极大值的选择可以发现没有教师认为资源的质量和可信度非常低，整体上认为资源的质量和可信度属于中等程度；对于资源杂乱而不便获取的观点教师的认同也属于中等程度。表6-25反映出，5.6%的教师认为学习资源的质量和可信度非常高，48.2%的教师认为比较高，42.6%的教师持一般的态度，只有3.6%的教师认为比较低。表6-26反映出，认为新媒体提供的学习资源杂乱而不便获取的教师占55.8%，持有一般态度的教师占30.7%，而仅有13.4%的教师认为提供的学习资源分类清晰、便于获取。以上统计结果说明新媒体的学习资源建设还需加强，以提高质量和可信度，在呈现方面也应分类整理，使学习资源显得清晰明了。

新媒体环境下的学习资源是教师非正式学习的资料的重要来源，所以学习资源的问题必须重视加强。

表 6-24　新媒体环境

项目		资源的质量和可信度	资源杂乱而不便获取	提供更好的学习环境
N	有效	394	394	394
	缺失	0	0	0
均值		2.44	2.53	2.31
标准差		0.656	0.804	0.654
极小值		1	1	1
极大值		4	5	4

表 6-25　学习资源的质量和可信度

项目		频数	百分比/%	有效百分比/%	累计百分比/%
有效	非常高	22	5.6	5.6	5.6
	比较高	190	48.2	48.2	53.8
	一般	168	42.6	42.6	96.4
	比较低	14	3.6	3.6	100.0
	合计	394	100.0	100.0	

表 6-26　学习资源杂乱而不便获取

项目		频数	百分比/%	有效百分比/%	累计百分比/%
有效	非常同意	21	5.3	5.3	5.3
	比较同意	199	50.5	50.5	55.8
	一般	121	30.7	30.7	86.5
	不同意	51	12.9	12.9	99.5
	非常不同意	2	0.5	0.5	100.0
	合计	394	100.0	100.0	

　　对于新媒体是否提供了更好的学习环境，从表 6-24 中的极大值可以看出没有教师持完全反对的态度，从均值可以看出一定数量的教师还是肯定了以互联网为代表的新媒体能为非正式学习提供更好的学习环境。表 6-27 反映出，7.6%的教师还是非常认同新媒体提供了好的学习环境，57.1%的教师比较同意这种观点，32.2%的教师持有中立态度，只有 3.0%的教师不同意此观点。说明新媒体能为教师的非正式学习提供比较好的学习环境，但是还需进一步提升以满足更多的需求。

表 6-27 提供更好的学习环境

项目		频数	百分比/%	有效百分比/%	累计百分比/%
有效	非常同意	30	7.6	7.6	7.6
	比较同意	225	57.1	57.1	64.7
	一般	127	32.2	32.2	97.0
	不同意	12	3.0	3.0	100.0
	合计	394	100.0	100.0	

以互联网为依托的新媒体环境不受时空的限制，有着海量的信息，使用技术门槛低，便于接受和传播信息，可以为使用者提供个性化的服务等。新媒体的这些特性在教师的非正式学习中带来了哪些便利呢？在问卷中通过多项选择的形式进行了调查。

通过表 6-28 可以发现，394 名调查对象对新媒体环境为非正式学习带来的便利性的五个备选项共勾选 900 次，同样通过个案百分比可以发现，教师认为比较方便的是便于分享资源（62.2%）、即时获取信息（59.4%）、海量的信息可供选择（51.3%），而扩大人际交往网络（32.2%）和自由而个性化的网络服务（23.4%）带来的便利性比较少。

表 6-28 新媒体的便利性

项目		响应		个案百分比/%
		N	百分比/%	
便利性	即时获取信息	234	26.0	59.4
	海量的信息可供选择	202	22.4	51.3
	便于分享资源	245	27.2	62.2
	扩大人际交往网络	127	14.1	32.2
	自由而个性化的网络服务	92	10.2	23.4
	总计	900	100.0	228.4

这说明新媒体在即时性、信息海量性和便于分享性方面对教师的非正式学习满足程度较高，而在扩大人际交往和个性化的服务方面还没有完全满足教师的各种需求。造成这种结果的原因是两方面的，新媒体自身没有做到满足教师在学习方面最大化的需求；从前面分析可知教师对新媒体的使用只是达到了广度而没有

达到深度。为了能使教师在新媒体环境中更加自如地进行基于业务提高的非正式学习，无论新媒体方面还是教师方面，都有改进和提升的空间。

（2）学校环境。

教师的非正式学习除了受新媒体环境影响，还受学校环境的影响。这是因为教师的非正式学习多是情境式的学习，问题主要来源于工作中。临夏地区中学教师所在的学校环境是怎样的呢？本节主要通过教师平均每天的课时量、学校的网络条件和学校的重视程度等方面进行调查。

从表 6-29 的统计看到：教师的每天课时均值为 3.31 节（极小值为 2，极大值为 4），即教师每天平均的课时量，整体上是 3～4 节；学校的网络条件整体上处于中等（均值为 2.36）；学校对教师在新媒体环境下的非正式学习的重视程度比较低（均值为 3.14）。

表 6-29　学校环境

项目		教师平均每天的课时量	学校的网络条件	学校的重视程度
N	有效	394	394	394
	缺失	0	0	0
均值		3.31	2.36	3.14
标准差		0.573	0.779	1.079
极小值		2	1	1
极大值		4	5	5

关于教师平均每天的课时量，通过表 6-30 的统计发现，每天 5～6 节课的教师占 5.6%，3～4 节课的教师占 57.4%，1～2 节课的教师占 37.1%。这说明除了极个别的教师，大部分教师每天的课时量相差不是太大，基本上都在 4 课时以内，工作量还是比较大的，这是因为教师工作除了正常的课堂教学，还需要备课、批改作业、处理各种问题等。如果一个教师每天的课时量占用过多的时间，那么教师还能安心备课、学习和处理问题等吗？教师不是万能的，只有充沛的精力才能高效率地工作。

由于移动互联网和智能手机技术的快速发展，基本的数字设备已不再是问题，所以非正式学习顺利进行的先决条件是必须具备良好的网络条件。通过表 6-31 看到，8.9% 的教师认为所在学校的网络条件是非常好的，55.1% 的教师认为比较好，而 29.2% 的教师认为一般，还有 6.8% 的教师认为不好或非常不好。这说明学校具备了一定的网络环境，虽然还需要进一步改进，但是对临夏地区中学来说，这样已经很好了。临夏地区是一个自然环境恶劣的贫困地区，互联网能逐步进入临夏地区中学中是一个非常好的现象。为了教师的发展，为了教育工作，应进一步加大校园互联网的建设步伐。

表 6-30　教师平均每天的课时量

项目		频数	百分比/%	有效百分比/%	累计百分比/%
有效	5～6 节课	22	5.6	5.6	5.6
	3～4 节课	226	57.4	57.4	62.9
	1～2 节课	146	37.1	37.1	100.0
	合计	394	100.0	100.0	

表 6-31　学校的网络条件

项目		频数	百分比/%	有效百分比/%	累计百分比/%
有效	非常好	35	8.9	8.9	8.9
	比较好	217	55.1	55.1	64.0
	一般	115	29.2	29.2	93.1
	不好	21	5.3	5.3	98.5
	非常不好	6	1.5	1.5	100.0
	合计	394	100.0	100.0	

一个好的学习氛围会使学习者动力更足，学习效果更好。在学校中，非正式学习这种形式受到领导层面的重视，在平时的教学会议、教研活动等集体活动中提倡并付诸行动，势必会引起教师的重视，变成工作生活的一种常态。

通过表 6-32 发现，有 6.1%的教师认为学校非常重视教师基于业务能力提高的非正式学习，28.7%的教师认为比较重视，15.5%的教师认为一般。而高达 44.7%的教师认为不太重视，还有 5.1%的教师认为非常不重视。从统计数据看，学校重视程度还是不够，没有引起领导层面的足够重视，这也从一定程度上折射出了学校对长远发展的考虑不多，这必须引起重视。

3. 样本的分组分析

根据样本中调查对象的基本情况，将样本根据性别、年龄、教授科目、职称、学历、教龄等分组，分析信息技术能力、学习能力、学习态度、知识管理等方面

是否有显著性的差异。本节样本数据不能很好地满足正态分布，所以在检验中应
用非参数检验的方法，检验性别等是否对中学教师在新媒体环境下的非正式学习
有显著性影响。

表 6-32　学校的重视程度

项目		频数	百分比/%	有效百分比/%	累计百分比/%
有效	非常重视	24	6.1	6.1	6.1
	比较重视	113	28.7	28.7	34.8
	一般	61	15.5	15.5	50.3
	不太重视	176	44.7	44.7	94.9
	非常不重视	20	5.1	5.1	100.0
	合计	394	100.0	100.0	

1）性别在信息技术能力、学习能力、学习态度、知识管理等方面的差异

以性别为分组变量，以信息技术能力、学习能力、学习态度、知识管理等方
面为检验变量进行非参数检验，其结果如表 6-33 所示。从表中可以看出，不同性
别的教师在信息技术能力方面差异显著（$P=0.010<0.050$），而在学习能力
（$P=0.333$）、学习态度（$P=0.167$）和知识管理（$P=0.500$）方面差异不显著。这说
明性别在信息技术能力方面有差异，可能与男女天性兴趣点不同有关，男性更喜
欢动手的、富有挑战性的活动，但性别对学习能力、学习态度和知识管理并没有
影响，也就是说，这些方面男女基本没有差异。

表 6-33　性别检验统计

项目	信息技术能力	学习能力	学习态度	知识管理
Mann-Whitney U	16444.000	18256.000	17764.000	18569.000
Wilcoxon W	33280.000	35092.000	34600.000	35405.000
Z	−2.577	−0.967	−1.383	−0.674
渐近显著性（双侧）	0.010	0.333	0.167	0.500

2）年龄在信息技术能力、学习能力、学习态度、知识管理等方面的差异

以年龄为分组变量，以信息技术能力、学习能力、学习态度、知识管理等方

面为检验变量进行非参数检验，其结果如表 6-34 所示。从表中可以看出，不同年龄的教师在学习能力方面有显著差异（$P=0.003 < 0.050$），而在信息技术能力（$P=0.286$）、学习态度（$P=0.208$）和知识管理（$P=0.256$）方面差异不显著。教师随着年龄的变化，知识和学习经验也在不断丰富，但学习新知识的能力却在下降，尤其以信息技术为代表的新型高科技知识的学习，更多的是年轻人在参与。

表 6-34　年龄检验统计

项目	信息技术能力	学习能力	学习态度	知识管理
卡方	3.779	13.884	4.551	4.055
df	3	3	3	3
渐近显著性	0.286	0.003	0.208	0.256

3）学历在信息技术能力、学习能力、学习态度、知识管理等方面的差异

以学历为分组变量，以信息技术能力、学习能力、学习态度、知识管理等方面为检验变量进行非参数检验，其结果如表 6-35 所示。从表中可以看出，不同学历教师在信息技术能力（$P=0.499$）、学习能力（$P=0.238$）、学习态度（$P=0.839$）和知识管理（$P=0.121$）方面差异都不显著。在调查中可以发现，临夏地区中学教师的学历以本科为主，占 90%以上，学历对教师基于业务提高的非正式学习过程中的信息技术能力、学习能力、学习态度和知识管理没有影响，没有阻碍学习的进程。

表 6-35　学历检验统计

项目	信息技术能力	学习能力	学习态度	知识管理
卡方	1.390	2.872	0.351	4.220
df	2	2	2	2
渐近显著性	0.499	0.238	0.839	0.121

从经验的角度看，学历与信息技术能力、学习能力、学习态度、知识管理等方面应该是有关系的，但统计数据显示，它们之间没有明显的关联，仔细分析发现，90%以上教师的学历为本科，本科学历在中学基本普及，教师之间的学历差别几乎没有或很小，自然会检测出两者没有关联，或者说学历与信息技术能力、

学习能力、学习态度、知识管理等因素没有影响。

4）职称在信息技术能力、学习能力、学习态度、知识管理等方面的差异

以职称为分组变量，以信息技术能力、学习能力、学习态度、知识管理等方面为检验变量进行非参数检验，其结果如表6-36所示。从表中可以看出，不同职称的教师在学习能力（$P=0.002<0.050$）方面差异显著，在信息技术能力（$P=0.083$）、学习态度（$P=0.268$）和知识管理（$P=0.426$）等方面差异不显著。从分析看出，职称是专业技术能力的一个衡量，职称也反映了教师的专业水平和能力，所以，总体上看，职称高的教师其学习能力相比较而言比低职称的教师要强，不同职称教师的教育教学经验和知识建构的各项能力也会表现出不同。

表 6-36　职称检验统计

项目	信息技术能力	学习能力	学习态度	知识管理
卡方	6.672	15.311	3.939	2.785
df	3	3	3	3
渐近显著性	0.083	0.002	0.268	0.426

5）教龄在信息技术能力、学习能力、学习态度、知识管理等方面的差异

以教龄为分组变量，以信息技术能力、学习能力、学习态度、知识管理等方面为检验变量进行非参数检验，其结果如表6-37所示。从表中可以看出，不同教龄的教师在学习能力（$P=0.001<0.050$）方面差异显著，在信息技术能力（$P=0.165$）、学习态度（$P=0.052$）和知识管理（$P=0.999$）方面差异不显著。这说明不同教龄间教师的学习能力是有差异的，但并没说明具体的差异与教龄的关系。从表中也看到，教龄与教师非正式学习的态度及知识管理方面并没有明显的关系。

表 6-37　教龄检验统计

项目	信息技术能力	学习能力	学习态度	知识管理
卡方	5.093	16.052	7.714	0.026
df	3	3	3	3
渐近显著性	0.165	0.001	0.052	0.999

6）教授科目在信息技术能力、学习能力、学习态度、知识管理等方面的差异

以教授科目为分组变量，以信息技术能力、学习能力、学习态度、知识管理等方面为检验变量进行非参数检验，其结果如表 6-38 所示。从表中可以看出，教授科目不同的教师在知识管理（$P=0.013<0.050$）方面差异显著，在信息技术能力（$P=0.179$）、学习能力（$P=0.063$）和学习态度（$P=0.053$）等方面差异不显著。这说明教授科目对知识管理方面形成了影响，但对信息技术能力、学习能力和学习态度等方面影响不大。

表 6-38 教授科目检验统计

项目	信息技术能力	学习能力	学习态度	知识管理
卡方	16.274	20.208	20.808	25.326
df	12	12	12	12
渐近显著性	0.179	0.063	0.053	0.013

7）小结

在甘肃省临夏地区中学教师非正式学习的研究中，对信息技术能力、学习能力、学习态度和知识管理等个体因素方面做了样本分组分析。

分析发现教师的性别、年龄、学历、教龄、职称、教授科目等基本情况对学习中的个体能力、态度等方面差异不是很大，不同性别教师在信息技术能力方面有差异，不同年龄、教龄和职称的教师在学习能力方面有差异，不同教授科目的教师在知识管理方面有差异。这说明教师个人的基本情况对学习过程中的影响作用不是很显著，只是表现出个别的显著差异。

6.2.2 访谈结果分析

1. 样本构成

通过问卷调查了解到临夏地区中学教师在新媒体环境下的非正式学习现状后，为了进一步更深入地了解问题，本节借助网络平台——QQ 或微信进行半结构式访谈，在此次访谈中共选取 15 名教师进行随机的个别化访谈。访谈对象的基本情况如表 6-39 所示。

表 6-39　访谈对象的基本情况

项目		频数	项目		频数
性别	男	7	教授科目	语文	2
	女	8		数学	2
年龄	20~30 岁	3		英语	3
	31~40 岁	6		政治	1
	41~50 岁	5		地理	1
	50 岁以上	1		历史	1
教龄	5~10 年	6		生物	1
	11~20 年	6		化学	1
	21~30 年	2		体育	1
	30 年以上	1		信息技术	1

2. 访谈分析

1) 教师职后的学习情况

通过访谈发现，近些年来，临夏地区中学教师外出参加各种培训学习的机会相对而言逐渐增多，极少数的教师已跨出省门。增多的培训不仅有面对面的现场培训，而且网络培训已逐渐开始出现。教师普遍认为培训中的教育教学理念非常有价值，但是普遍的困惑是不知怎样与实际的教育教学工作相结合；也有教师认为由于教学条件等各种因素的限制，培训中的课堂教学技巧难以运用到自身教学中。教师表示更多迫切需要的是应用在具体工作中的知识，希望培训更有针对性，能够更加精准，为此他们常常请教同事或网络。

访谈中部分教师表示在借助网络学习的过程中，已加入一些专业学习的讨论群或订阅一些公众号，甚至有的教师参加一些网络课程的学习。他们普遍认为，在"互联网+教育"的时代，通过各种新媒体的学习能取得比以往更好的效果。

2) 教师的非正式学习

访谈发现，同事间存在考核排名等竞争影响，会使他们保留自己的"绝活"或不愿意无保留地回答其他教师的请教问题，教师更愿意借助网络或新媒体等工具利用工作之余进行学习。当谈论起对网络新媒体和非正式学习的了解时，教师普遍表示，在有问题或了解前沿信息时会借助新媒体工具，并且这种学习方式能更及时、更具体地得到思路。

在学习中教师表示总感觉自身能力有欠缺，在借助网络新媒体等工具进行的各种讨论中处于观望态度，会共享一些优质资源但是不敢共享自己的见解，学习结束后急于忙下一件事而反思较少，没有养成良好的反思习惯。教师虽然不同程度地参与这种学习方式，但在教研活动中很少或基本没有提及或鼓励教师的业余时间的非正式学习，学校会议中也很少提倡教师的基于业务能力提升的非正式学习。

教师普遍认为这种学习方式最大的收获是解决了之前有问题无处求助的困难，对今后工作生活中利用碎片时间解决具体问题或了解学科前沿发展非常重要。

3）教师对非正式学习的需求

在访谈中发现基于业务能力提升的非正式学习对教师而言非常重要，但是在具体学习中教师也有很多的困惑。

第一，信息素养问题，面对新媒体环境下纷繁复杂的信息，教师很难选择自己的所需，或有意无意间浏览的多是一些无关信息，例如，某教师喜欢娱乐，每次打开微信时总想先关注娱乐信息，但是当真正准备开始浏览所需信息时发现时间已不允许了；还有教师表示他一般会通过优酷观看其他教师讲解重难点的技巧，但是每次观看前需要花费时间寻找优质资源，或者有了资源却由于版权问题而难以有效保存等。

第二，网络新媒体方面，网络新媒体环境中学习资源混杂，难以寻求高质量学习资源；缺乏权威资源完整的相关学习平台，教师普遍有无所适从的困惑感。

第三，隐性工作占据过多时间，学校中除了教师日常的教学工作，经常需要迎接上级单位的检查，或额外的突发性的任务，隐性的工作任务造成学习精力有限，学习状态欠佳；教师之间由于竞争关系的存在，相互有戒备心理，讨论教学问题的氛围并不浓厚，不能很好地进行学习方面的交流，也影响了教师业务能力的整体提升。

6.3 研 究 结 论

调查发现，随着信息技术日新月异的变化和移动互联网与新媒体技术的快速普及发展，临夏地区中学教师主动或被动地多数在进行着基于业务能力提升的非正式学习，这是一个比较乐观的现象。可是任何事物的发展过程都是曲折的，教师的学习也不例外，尤其在学习过程的初期，会存在很多的问题需要解决。以上通过各种维度的调查详细分析了学习的现状及学习过程中存在的问题，为了便于使问题清晰化，从教师层面、新媒体层面和学校层面三个大的方面进行总结。

6.3.1　教师层面

教师是移动互联网时代中非正式学习的实施者，也是受益者，教师自身也决定着学习能否顺利进行及获得怎样的学习效果。关于教师自身存在的问题，主要从个体特征和学习过程两个方面进行分析。

1. 个体特征

从调查结果看，有一定比例的教师信息素养不高，最突出的表现是信息技术能力不能完全适应时代发展的要求。网络新媒体种类复杂，其蕴含的信息量巨大，高效的信息获取能力能使人在网络新媒体时代取得事半功倍的效果。在调查中可以发现，少数教师在利用网络新媒体进行学习时不能很好地甄别自己所需信息，时常感觉到很茫然，在检索时还会受到其他信息的干扰；对已获取或学习的资源很少有分类存储的概念，经常是简单零乱地保存；在面对部分新媒体时不知所措，手忙脚乱。总之，教师的信息获取能力较弱，同时信息有效存储能力也比较弱。

大部分教师的学习能力也比较弱，尤其是懂得网络新媒体环境中非正式学习的方法和技巧的教师非常少，大部分教师在这一方面还需要很大的提升，良好的学习方法与技巧会使教师在学习过程中信心倍增，学习效率得到提升。网络新媒体环境下的非正式学习对于临夏地区中学教师而言是崭新的一种学习形式，这种学习形式的方法与技巧更多地还要自己在实践经验中不断地总结积累，但是，通过调查发现，部分教师对学习经验的积累能力不是很强。总之，教师的信息技术能力和学习能力都有一定的欠缺，需要大力提升。

2. 学习过程

教师的信息技术能力和学习能力都比较弱，但这并不代表教师在网络新媒体环境中没有或很少进行非正式学习。调查发现，教师在进行课程教学设计时参考新媒体资源的数量比常规教学参考书多，虽然教学参考书在一定程度上具有权威性，但是网络资源会给予许多细节问题的答案或更详细的前沿问题解惑。在遇到教学问题时除了向有经验的同事请教，教师更多地选择通过网络解决。当然教师并没有完全依赖于网络新媒体，有时也会求助于线下的个人，主要因解决的问题而言。总之，教师在学习时会依靠网络新媒体，但没有沉迷于其中，这是一个比较好的学习现象。

教师对网络新媒体和非正式学习概念了解有限，但是在教师的工作生活中，教师使用的网络新媒体种类比较多，没有仅限于常见的 QQ 或微信，并且对新媒体的使用频率也是比较高的，绝大部分教师至少平均每天使用一次，这表明多数教师在频繁使用着新媒体，并且在新媒体环境下进行着非正式学习。因此，进一步加深对新媒体和非正式学习的理解，有助于教师从尝试阶段进入成熟阶段。

"互联网+"时代，各种传统形式都与互联网相互结合，教师的基于业务能力提升的非正式学习也不例外。大部分教师已意识到专业发展的重要性并进行着基于移动互联网的学习，大部分教师也愿意占用自己工作、生活之余进行非正式学习。访谈中发现态度一般或不太愿意的教师表示由于不了解而持观望态度，在其他同事取得一定效果时非常愿意进行学习。总之，教师的态度是积极的。

网络新媒体环境下的非正式学习不仅是浏览学习其中的信息资源，更是知识管理的过程，有效的知识管理会使知识得到螺旋提升。知识管理过程，根据 SECI 模型需要知识的社会化、外化、组织化和内化，放在学习中就是积累、交流讨论、分享、反思、分类存储等。教师的信息技术能力阻碍了积累和分类存储知识的过程；交流、分享和反思等也不是很理想，表现出不能积极地进行交流，共享更多的资源而非见解，反思也只是心中反思，很少公开共享于新媒体环境中。访谈中部分教师吐露出原因是不自信，久而久之就养成了只有浏览学习的习惯。

总之，在网络新媒体环境下的非正式学习中，教师学习态度积极，学习过程表现出信息技术能力的不足和学习能力的相对欠缺，学习中由于自信不够而没有养成良好的学习行为习惯，致使学习过程更多处于被动状态。

6.3.2 新媒体层面

网络新媒体在教师的基于业务能力提升的非正式学习活动中提供了学习资

源、环境以及各种便利，属于学习的外部条件。通过调查可以发现临夏地区中学教师在学习的初始阶段中对网络新媒体整体上感觉还是不太适应。首先是新媒体学习资源方面，问卷调查中近 1/2 的教师认为学习资源的质量和可信度不高，还有超过 1/2 的教师认为资源杂乱而不便于获取。

在访谈中有教师表示新媒体环境提供的部分学习资源没有实用价值，给学习者带来了干扰，还有教师举例在视频播放中噪声严重干扰了正常观看；对于学习资源的杂乱，有教师表示如果分类呈现，那么不仅能帮助人快速进入学习，还能起到触类旁通的作用。对于网络新媒体能否为非正式学习提供更好的学习环境这个问题，虽然部分教师表示无论从资源、操作界面还是情感需要等方面都不是很完美，但还是认可网络新媒体能为教师提供一定的学习资源。新媒体与传统媒体相比较，在整体上表现出很多优点，对教师的非正式学习而言，教师认为能从海量的信息中即时获取信息的同时便于分享，但是对于个性化服务和扩大人际交往，这方面做得还是不够。

总之，教师认为新媒体为非正式学习提供了更好的学习环境，但在使用中表现出资源没有分类呈现，不便进行学习，并且资源的质量和可信度不是很高；在整体上对学习的个性化服务和人际交往方面做得也不够好。

6.3.3　学校层面

学校层面也是保障高效学习的充分条件之一，学校不仅可以创造各种学习的可能性，还可以激发学习动力。调查发现，学校环境在一定程度上并没有对教师的非正式学习起到积极的促进作用。调查得知，教师平均每天的教学工作任务在 3～4 课时，访谈中很多教师也表示，近年来，课时量相对减少，但在学校接受各种检查工作时会抽调一些教师做准备，这种隐性的工作任务在一定程度上会使教师精力骤减。网络环境方面，教师普遍表示最近几年网络条件虽已得到了很好的改善，但发展速度与南方及东部发达地区相比，差距还在拉大，总体形势还是不太乐观，当在线教师较多时网速会变慢，也有少部分教师的个人网络条件比较差。从学校重视程度方面来看，学校领导对教师的基于个人业务能力提升的非正式学习还没有引起足够的重视，在教研组活动中也基本没有体现，教师都是在自己工作之余独立学习满足各自所需，凭借的全是个人发展的内在动力，从学校层面上看，基本没有计划或规划。教师是学校发展最宝贵的财富，从长远角度看，学校对教师个人业务能力提升上的忽略，不利于学校的长远发展。

　　总之，教师的教学任务有了很大程度上的减轻，但准备各项检查工作等隐性任务在影响着教师精力；网络条件虽得到了改善，但还是不能适应发展的需求，也在一定程度上影响着教师的交流和学习；教师自发形成的基于网络新媒体的学习没有很好地得到学校的重视和支持。

　　从总体来说，临夏地区中学教师的非正式学习处于尝试阶段，是"不愤不启，不悱不发"的状态，这时如果得到外界一定的指引，会收到意想不到的效果。"互联网+"时代，网络新媒体在给教育带来前所未有机遇的同时，也为教师的非正式学习带来了机遇。抓住转瞬即逝的机遇，使网络新媒体能更好地服务于教师的业务提升学习，重点在学校。学校领导应转变教师发展理念，尽可能为教师争取更多的学习机会，营造良好的学习氛围，使教师舒心学习。信息时代的快速发展，教师的业务能力提升的学习已迫在眉睫，需要学校、教师和上级主管部门的全力合作，从政策层面的制定，到学校层面的实施，以至于教师层面的努力，需要全力合作与配合才能完成。

第 7 章　甘肃省民族地区中学教师
非正式学习能力的提升策略

7.1　甘肃省民族地区中学教师非正式学习
及职业提升中存在的问题

通过前面的数据统计及分析看到，当前以甘肃省临夏地区中学教师为代表的民族地区中学教师，在基于个人职业能力提升的非正式学习中存在以下四个主要问题。

1）教师基于个人职业发展的非正式学习未受到足够重视

在终身教育理念的影响下，从个人职业发展的角度出发，多数教师都愿意进行与专业有关的自学或进修学习，也就是非正式学习，但由于多数教师的授课负担较重，加上家务事的拖累，实际能真正每天抽出一点时间学习的人很少，多数只是有这种愿望而已。多数教师的专业知识还是来源于大学阶段的学习，对最新知识的了解和掌握普遍不够。学校没有或很少系统地组织教师外出进行有针对性的培训，仅有的培训也多在大城市进行，培训内容流于形式，培训变成了一种对教师个人的福利和奖赏，有的培训沦为了一种变相的旅游，对教师的专业发展促进作用不大。而对教师基于个人发展进行的非正式学习，多数学校领导没有足够重视，没有从政策上加以有意识的引导，处于自生自灭的状态。

2）培训内容多脱离实际

对于目前的培训，很多受培训教师反映，主讲教师不太了解中学的实际情况，缺乏对受训教师与学校有针对性的前期考察，培训的内容往往是根据主讲教师的主观意愿或研究专长进行选择与安排，容易脱离教学实际，所宣讲的理论听起来很好，很"高大上"，但是理论与实践缺少衔接的环节，理论缺乏现实的可操作性，或者理论应用于实践的环节过于复杂，受训教师往往无法将所学内容有效地运用于实际教学中。

理论无法有效地指导实践，教师就会慢慢产生厌倦感，不再愿意参加培训，最终导致培训流于形式，起不到预期的效果。

3）对教师的非正式学习和职业培训缺乏有效的激励机制

在基于个人职业发展而参加培训的过程中，部分教师的学习动力并不源于自身对知识的渴望，而更多的是来自于外部的压力。他们更多的是想通过短期的培训蒙混过关，然后得到一纸证书，这样就可以"平安"地涨工资、评职称等。

这种消极心理的存在，一方面是由于没有良好的激励措施，无法从培训中获得满足感，或者无法通过培训得到公平的职业发展机会，时间长久之后，教师只会消极应对，处于被动的接受状态；另一方面是因为培训过程中缺少良好的评价机制，教师在培训后，没有对教师的真实水平进行准确衡量和评价，最终所有的教师都拿到同样的合格证书，没有差异性，没有对优秀的学习者相应的奖励机制。这就是很多教师在经过了多轮培训之后，相应的教学技能并没有得到有效提高的原因。

4）现有培训难以满足"互联网+"时代个性化发展的需求

目前的培训一般都是在统一的组织下进行的，没有充分考虑教师的城乡差异，年龄结构、学习能力等特点及差异。例如，城市和乡村的教师所处的环境往往差异很大，在城市容易实现的一些手段与方法，在乡村有时候就难以实行。此外，教师的年龄结构一般不尽相同，有从事多年教学、经验丰富的老教师，也有刚刚走上教学岗位的年轻教师。同是一个学校的教师，教师之间的学习能力也是相差很大的，对同一事物的接受，有的教师比较容易，有的教师则比较吃力。然而现在的培训一般是按照固定部署、整齐划一地进行，没有充分考虑教师之间的差异性，导致目前的培训不能达到理想的效果。

7.2　"精准培训"理念的提出

近年来，国家在政策层面提出了对贫困地区的"精准扶贫"战略，目前的实施取得了阶段性成果，以"精准扶贫"为导引的"精准培训"理念也顺势而生，并开始受到教育领域的重视。

传统的粗放型、漫灌式培训在中学教师队伍学历与综合素养整体偏低、基础教育发展水平总体不高的情况下，能较好地实现对中学教师培训的全覆盖和满足教师素养整体提升的一般要求，对促进中学教师整体素养的提升和基础教育的发展发挥了重要作用。但是，随着中学教师学历与综合素养的普遍提高，以及经济社会发展对基础教育提出的新要求，粗放型、漫灌式的教师培训越来越难以满足新形势下教师培训和基础教育发展的需要。基础教育和中学教师专业发展呼唤一种新的培训方式，"精准培训"作为与粗放型培训相对立的培训方式在这种形势下应运而生。

"精准培训"就是在精准识别培训对象与需求的基础上，根据培训需求精准选择培训主体、培训内容、培训方法，对培训对象实施精准培训，引导培训对象实现对培训收获的精准应用，精准满足培训对象需求和实现教师专业发展的一种培训理念与方式。

"精准培训"主张从漫灌式教师培训转变为滴灌式教师培训，从传统的填鸭式教师培训转变为靶向式教师培训，从粗放式教师培训转变为精准式教师培训。

7.3 民族地区中学教师基于职业能力发展的 "精准培训" 策略模型

针对以上分析，结合现实情况，本书提出民族地区中学教师职业能力发展的"精准培训"策略模型，见图 7-1。其实施步骤主要从基于个体特征的精准识别、基于个性化差异的精准需求分析、精准培训定位、精准培训内容设置、精准培训实施及精准培训内容的评价与反馈等方面进行。

1）基于个体特征的精准识别

精准识别是"精准培训"的前提，要了解作为培训对象的每个教师的个人信息并将其录入精准培训信息管理系统，作为"精准培训"的起点和基础资料。通过管理平台，了解学校及教师的详细信息，为每一位培训教师建立个人电子档案袋，在后期的培训中，对教师的个性化的基于过程的学习成果及时录入平台。教师及管理者拥有各自独立的账号和不同的权限，随时随地可以跟踪动态的学习过程，实现对学习个体的精准识别。

2）基于个性化差异的精准需求分析

以往的需求分析是从一个宏观的角度进行的分析，更多考虑的是对象群体的共性，这固然能了解到对象群体整体的需求，但同时忽略了个体的个性需求，没有对个体的个性化需求的分析和了解，"精准培训"就成了无源之水。

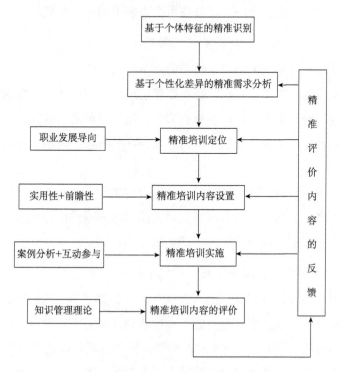

图 7-1　民族地区基于教师职业能力发展的"精准培训"策略模型

对培训个体进行个性化的精准区分，在此基础上，进行基于个性化差异的精准需求分析，将个体的精准需求进行归类，划分成不同的档次和类别，为下一步的精准培训定位打下基础。

3）以教师职业发展为导向的精准培训定位

以教师职业发展为导向的精准培训定位，是实现"精准培训"的根本前提。对教师职业发展需求的精准把握，始终都是有效组织和成功实施教师职业发展培训的一条基本准则，从"精准培训"的思想来看，"精准"的需求定位还需要进一步明确和科学地区分各类需求的"主从关系"，之所以这样说，是因为在有些时候单纯地强调"需求导向"，会混淆不同种类需求之间应有的差异性。例如，在推进需求导向培训体系建设的过程中，有些培训机构更多的是强调了教师自身提出的各种需求。事实上，教师主动提出的个人需求固然值得重视，但是这些需求是否契合形势发展的需要,是否是当前教师教学工作的需要,是不容忽视的根本性问题。简而言之,如果不能精准地"区分",也就无法精准地"定位",结果就有可能是从忽视需求这个极端走向了过分注重个人需求的另一个极端。

4)兼具实用性和前瞻性的精准培训内容设置

在精准需求分析和精准培训定位的前提下,教师职业发展的培训内容也要实现精准化,要避免没有明确目标的泛泛而谈的培训,所以培训内容的设置要紧紧围绕个性化培训的需求来进行,要有的放矢,精确投放培训内容,培训内容的难度设置要考虑个体的特点,培训难点内容要按比例分散,要避免难易不均的现象出现。

信息化时代,信息技术日新月异,培训内容要结合教师的教学需求尤其是信息技术与课程整合的需求,培训内容要将实用性和前瞻性很好地融合,培训不仅仅是培训当下,更重要的是培训未来的发展能力。

5)以案例分析和互动参与为核心的精准培训实施

教师培训是手段,应用培训的"收获"解决教育教学实践问题、提高教育教学质量和促进教师专业发展才是目的。精准培训实践是解决学以致用的问题,是检验精准培训效果的落脚点。精准培训实践是指参训教师将精准教学后的"收获"有效准确地应用到自己的教育教学实践中,有效地精准解决教育教学实践问题,提高教育教学质量和专业素养。因而,精准培训实践是中学教师"精准培训"的最终目标。

精准培训实践包含两个层面的含义,一是参训教师应将培训的"收获"积极主动地与自身的教育教学实践有机结合起来,创造性地应用培训的"收获"解决自身的教育教学实践问题,自觉提高培训的迁移、转化和应用能力,这是精准培训实践的内在本意;二是参训教师应将培训的"收获"主动、精准地与同行分享,将培训"收获"精准地传播给其他教师,自觉地扩大"精准培训"的价值,这是精准培训实践的外延之意。无论何种层面的精准培训实践都是"精准培训"的"试金石",也都是参训教师的应尽之责。

6)以知识管理理论为指导的精准培训内容的评价与反馈

知识管理理论认为,教师个人知识管理的主要对象是隐性知识,而教师个人知识管理的重点是隐性知识的显性化。

精准培训内容的评价与反馈是指参训教师以培训需求和精准培训目标为评价标准，以事实为依据，从实际出发，在中小学教师精准培训信息管理系统中对培训主题、培训内容、培训方法、培训教师、培训过程、培训效果等进行全面、客观、准确的评价，将涉及"精准培训"的相关信息（如参训教师的感受、建议等）反馈给培训组织机构和培训教师。通过精准评价和反馈，促进教师个人隐性知识的显性化。

精准培训内容的评价与反馈应做到三方面要求。

（1）客观。参训教师的评价与反馈应以培训需求和目标是否实现为根本的、唯一的标准，以事实为依据，一分为二和理性地分析与评价。

（2）全面。评价与反馈应尽可能全面反映"精准培训"的各个环节，如每个环节的优点、不足、特色等。

（3）准确。评价与反馈的表述要清晰准确，能准确地表达参训教师的真实想法，不产生歧义。

7.4　研究展望

在信息技术高速发展和知识爆炸的大背景下，人们在工作生活中对非正式学习的需求也越来越迫切。作者以为，未来非正式学习的研究与应用将呈现以下四个特点。

1）高速移动终端设备将成为非正式学习的主要手段

移动互联网技术的日趋成熟和高速移动终端的日益普及，为所有学习者的移动学习、碎片化的学习提供了越来越方便的条件，也逐渐成为非正式学习主要的学习方式，学习方式的改变为非正式学习开辟了新的研究领域。

2）研究对象及范围将进一步扩大

非正式学习研究对象目前主要集中于大学生、教师、企业员工等，2011 年后相继出现了以青少年、中小学、中职生、研究生等为研究对象的研究，表明其他人群的非正式学习也已逐步受到关注。可以预计，未来非正式学习的研究范围将进一步扩大，更多未被关注的人群将受到研究者重视。

3）非正式学习的资源和环境建设研究将受到重视

非正式学习需要一种环境的支持，需要为学习者提供更多的学习资源，目前这方面从研究到建设都有很大的缺口。有需求就会有建设，未来会有更多的研究者关注非正式学习的资源和环境的建设研究，也会有更多的学习资源和更好的环境提供给学习者。

4）非正式学习的评价研究将成为新的热点

在信息技术飞速发展的时代，非正式学习已是终身学习的重要组成部分，是构建学习型社会的强有力支持。衡量非正式学习的有效性，评价是关键指标。随着人们对非正式学习的需求增大，评价研究将会有更多研究者关注并成为新的研究热点。

结　束　语

作为一种基本的教师学习方式，教师非正式学习是古已有之的。但是，作为一种系统的研究却是近几年的事情，而关于民族地区中学教师的非正式学习，几乎还是一片空白。在国内外尚无一个系统的研究框架和尚未形成研究范式之时，本书试图在前人研究的基础上，结合调查所发现的问题，以这些问题为逻辑起点，运用多种研究方法，尝试探讨了甘肃省民族地区中学教师非正式学习的现状及存在的问题，剖析了中学教师非正式学习的影响因素，以点带面，构建一个民族地区中学教师非正式学习能力提升的策略，在"精准培训"理念指导下，提出了民族地区中学教师基于职业能力发展的"精准培训"策略模型，也许能对相关研究者和学习者有参考价值，但无奈于作者的学识、水平、能力、视野都有限，因此，本书仍然存在一些不足和遗憾之处。

作为人类文化的传承者，在教书育人的前提下，教师自身也面临着继续学习的压力和动力。在信息化社会快速发展、终身学习理念深入人心的今天，教师的非正式学习面临着更大的迫切性，非正式学习是教师提高职业能力的一个最主要途径，而基于教师非正式学习的"精准培训"理念的提出，是适应时代需求的一个必然结果，必将成为未来社会发展的主流。